# 一个军的传奇

郝在今 / 著

人民文学出版社

图书在版编目(CIP)数据

一个军的传奇/郝在今著. —北京：人民文学出版社，2018
ISBN 978-7-02-014739-7

Ⅰ.①一… Ⅱ.①郝… Ⅲ.①野战军—中国人民解放军军史 Ⅳ.①E297.46

中国版本图书馆CIP数据核字(2018)第274061号

| | |
|---|---|
| 责任编辑 | 杨新岚 |
| 装帧设计 | 崔欣晔 |
| 责任印制 | 徐 冉 |

| | |
|---|---|
| 出版发行 | 人民文学出版社 |
| 社 址 | 北京市朝内大街166号 |
| 邮政编码 | 100705 |
| 网 址 | http://www.rw-cn.com |

| | |
|---|---|
| 印 刷 | 三河市宏盛印务有限公司 |
| 经 销 | 全国新华书店等 |

| | |
|---|---|
| 字 数 | 183千字 |
| 开 本 | 890毫米×1290毫米 1/32 |
| 印 张 | 10.625 插页1 |
| 印 数 | 1—10000 |
| 版 次 | 2019年7月北京第1版 |
| 印 次 | 2019年7月第1次印刷 |

| | |
|---|---|
| 书 号 | 978-7-02-014739-7 |
| 定 价 | 38.00元 |

如有印装质量问题，请与本社图书销售中心调换。电话：010-65233595

# 目 录

序幕　寻找长长的军史 ………… 1

第一章　云南有个讲武堂 ………… 7

第二章　当滇军遇到红军 ………… 37

第三章　60军血战台儿庄 ………… 65

第四章　中国军队出国受降 ………… 97

第五章　民主同盟军 ………… 125

第六章　兵临城下 ………… 151

第七章　一个军和一个城的惊险命运 ………… 179

第八章　整训成军 ………… 207

第九章　云南起义 ………… 239

第十章　出国作战 ………… 263

第十一章　梁山部天下把名扬 ………… 283

第十二章　走向国防军 ………… 313

后记　50军的人写50军的事 ………… 338

序幕　寻找长长的军史

☆

白雪,黑烟,炮火轰鸣,岩石崩裂,寒冬和战争正在压制这一带山峰。

这山峰的北坡是朝鲜第一大河汉江,汉江的北岸是首都汉城,1950年冬季的朝鲜战争,中国人民志愿军的汉江南岸守卫战。

硝烟渐渐散去,炮弹不再降临,把守山头的战士赶紧钻出工事,找一把干净的白雪,咽一口家乡送来的炒面。

刚刚露头又赶紧缩回去——美国飞机来了!

一架轰炸机悄然而来,掠过山脊,没想到,这飞机没有丢下炸弹,反而送来柔美的女声:

"50军的官兵弟兄们，你们不要给共产党卖命了！你们赶快回到国军这边来吧！你们赶快回到国军这边来吧！"

这口音中国人并不生疏，台湾中国广播公司的播音员"黎明小姐"。

显然，这是美军和国民党共同策划的心理作战。

策反敌军？

这本是共产党战胜国民党的独门法宝，现在怎么被反用了？

鼓动50军回到国军？难道这共产党领导的50军，真的同国民党军队有什么历史渊源？

据说，故事电影《兵临城下》，说的就是这个军的故事。20世纪70年代正当"文化大革命"，能够公映的电影不多，所以，即便是作为批判对象的影片，观众也爱看。可是，这部故事性很强的电影，在这个部队并没有受到热烈欢迎。

新兵悄悄议论："我们当兵是走对了路，进错了门，我们50军出身不好！"

原来，国民党第60军1948年在长春起义，改编为解放军第50军。比起那些战功赫赫的老红军部队，晚来的50军似乎要低一头。

转眼到了21世纪，当年的新兵已经变成退伍老兵、留恋军旅生涯的"军迷"。"军迷"聚会的讨论题目匪夷所思：解放军哪个军的军史最长？

## 序幕　寻找长长的军史

那就要论到1927年，参加南昌起义的部队当然就是最早，解放军的八一建军节啊。可是有人说了，还有更早的1924年，孙中山的"建国陆海军大元帅府铁甲车队"，那才是共产党领导的第一支武装！

争论相持不下，一位军迷突然提出：还有50军呢。

50军？大家早已数遍解放军的70个军，谁也没有想到这支起义部队。

这位军迷言道：现在讲历史，不能局限于门户之见。50军虽然在解放军中成军较晚，但其前身是国军60军，60军的前身又是云南的滇军，这样，50军的军史可以追到清朝末年的新军，这不是最长的军史吗？

重九起义、护国首义、台儿庄血战、越南受降、长春起义、抗美援朝……这个军的经历相当丰富。

作战对手也多啊，日本、法国、英国、美国、印度、越南……中国军队的交战对手，除了苏联都打过！

放开眼界，那"出身不好"，就变成"经历丰富故事最多"了。

于是，"50军的人做50军的事"，一伙50军的退伍老兵，开始追寻自己老部队的传奇故事。

追寻中竟然发现：这个军的历史又绝不限于一个军——

一个军的传奇，映射中国现代军队的历史。

# 第一章 云南有个讲武堂

☆

公元1955年,中国人民解放军首次授予军衔。

十元帅,十大将,将帅聚首,不免摆摆老资格。计算军龄,朱德参军最早,刘伯承次之,叶剑英第三,朱德是当之无愧的红军之父!

年轻军人有些诧异:解放军的建军,始于1927年的八一南昌起义,朱德1909年参加的那是什么军队?

应该知晓,中国的现代军队,有共产党领导的解放军八路军红军,有国民党领导的国民革命军,还有各地的地方军。

红军之父朱德,从军生涯始于云南的滇军。

清朝末年,庞大的中国连战连败,甲午海战大败于日本,首都北京也被八国联军进占，昔日称雄华夏的八旗劲旅，已经无力应对外敌。

大清朝征服华夏，靠的是一支所向无敌的八旗军。满族的八旗制源于游牧民族的马背生活，整个游牧部落编为黄红白蓝等八个旗，平时放牧，战时从军。这全民皆兵的作战体制，攻打各守私田的农业民族，当然所向无敌。可是待到清军入主中原，八旗兵统统由汉人供养，也就成了种"铁杆庄稼"的懒汉，渐渐失去了战斗力。大清朝不得不招募以汉族青年为主的职业军——绿营兵。可是，八旗加上绿营，也抵挡不了出自民间的太平军。于是，朝廷不得不允许民间编练民团，湘军、淮军，一批地方军阀逐步称霸四方。只可惜，这些军队只能镇压国内农民的梭镖大刀，却对付不了外国军队的坚船利炮。还是外国装备强？那就买，大清朝有的是钱买武器。但是，使用与对手相同的新式武器，甲午战争还是打败了。

战争是最好的教师，足以打破一切陈旧的军规。中国军人终于醒了——必须建设一支新型的军队。

救国必先强军！强军必先办学！

东北讲武堂、保定讲武堂、云南讲武堂，中国有了三大讲武堂。三大讲武堂出了三个总司令：东北军统帅张学良毕业于东北讲武堂，北伐军总司令蒋介石毕业于保定讲武堂，红军总司令朱德毕业于云南讲武堂。

## 第一章 云南有个讲武堂

云南讲武堂的校歌振聋发聩：

> 风潮滚滚,撼觉那狂狮一猛醒;
> 同胞四万万,互相联络作长城;
> 神州大陆奇男子,携手去从军。
> 但凭着团结力,旋转新乾坤;
> 哪怕它欧风美雨,来时真汹涌。
> 练铁肩担重任,
> 壮哉军国民,
> 壮哉军国民！

云南人为何如此警醒？

那云南位于中国西南边陲，境外的缅甸是英国殖民地，越南是法国殖民地，两大列强从这里对中国"抄后门"！重兵设防，这里有离北京最远的军镇第十九镇，还有一个培训军官的讲武堂。

美丽的昆明城，城中有山有水，九华山是省政府要地，翠湖边有个宏大的建筑群——讲武堂。

云南讲武堂采用现代军事教学，聘请日本军官和中国留日学生担任教官，教学质量特别高，号称中国南方最好的军校。

云南青年纷纷投考云南讲武堂，就连外省也来人了。四川农家子弟朱德,好不容易考上秀才,碰上学制改革秀才没用了;好不容易当上吃官饭的小学教员,又听说云南有个讲武堂;这个不安分的青年,当即决心投笔从戎!

只可惜,那云南讲武堂只招本省生源,异地不录。于是,就有了四川青年冒充云南蒙自籍贯的故事。

冒籍入学的朱德,面对开除的校规。幸亏,这云南讲武堂有个开明的校长。李根源欣赏朱德的求学精神,也给中国留下了一个杰出的军事家。

开明开放的云南讲武堂,公开招收东南亚华侨子弟,还秘密招收外国学员。这就有了:马来亚华侨叶剑英——中华人民共和国元帅;朝鲜青年崔庸健——朝鲜民主主义人民共和国最高人民会议常任委员会委员长;朝鲜青年李范奭——韩国首任总理;越南青年武海秋——越南临时政府主席。

这简直是一所亚洲军校啊!

云南讲武堂开学那天,连通河内与昆明的滇越铁路贯通。李根源校长把全校学员带到火车站,现场教学:那侵占越南的法国,已经把运兵的交通线伸进我们的家乡!

讲武堂师生高唱校歌:

堪叹那世人,不上高山安知陆地平;
二十世纪风潮紧,欧美人要瓜分。

云南陆军讲武堂

枕戈待旦，奔赴疆场；

保家卫国，壮烈牺牲。

要知从军事，是男儿本分。

鼓起勇气向前进，

壮哉中国民！

壮哉中国民！

"保家卫国"！

中国人熟悉那"抗美援朝，保家卫国"的口号。

这"保家卫国"是个标志，标志近现代的中国军人已经超越对皇族的效忠，具有强烈的民族和国家意识。

新型军校，培养新军人，创建一种新的军队——新军。

清末的新军，建军宗旨瞄准国际强军，日军学德军，新军学日军。新的武器装备，新的军队编制，焕然一新的新军，军事实力很快超越八旗和绿营。

## 护国第一军

新的军队，容易接受新的思想。孙中山组织的反清团体同盟会，首先渗透新军。云南讲武堂中，校长李根源和多数教官都是同盟会的秘密成员，朱德就在学习期间加入了同盟会。

辛亥革命！1911年10月10日，湖北新军首先发动武昌起义！

20天后的阴历九月初九，云南新军发动重九起义，在西南第一个响应武昌起义！云南新军协统蔡锷，被公推为临时革命军总司令。

朱德率队攻打总督衙门，活捉清朝总督李经羲，火线晋升，排长提拔为连长！

不要以为军队总是皇家犬马，谋求打赢的军队总是寻求最先进的装备，由先进生产力武装的军队自然会接触先进思想。

军队，往往担当革命的主力。结束封建王朝的中国辛亥革命，也是由新军起义而开端。

起义！起义！

湖南响应湖北最早，长沙师范的学生毛泽东，主动参加起义的新军，当了半年兵。由此而论，毛泽东的军龄只比朱德晚两年。

蒋介石进入军校则比朱德早两年，辛亥革命时已经是沪军的团长。

旧军人争地盘，新军人争国权。辛亥革命的胜利，并未使蔡锷放松军备。重九起义顺利成功的云南，边境依然危险。除了南边的英法之外，西边的西藏也在闹分裂。西藏西边的印度，已经变成英国的殖民地。那曾经发动鸦片战争的大英帝国，又挑动达赖喇嘛驱赶驻藏的中央部队，甚至进攻四川和云南。

保家卫国！蔡锷向民国中央发电请战，组织西征军援藏平叛！

滇军士气高昂，击败叛军，沿茶马古道直上高原。云南丽江的黑龙潭，至今有座滇军入藏抗英的纪念碑。

还是英国人老练，打不了滇军，就去压迫北京政府。袁世凯大总统赶紧下令，命令蔡锷撤军。

崇尚荣誉的军人，最大的耻辱就是："勇于内战，怯于外敌"。想当年，日军侵略朝鲜，中国驻朝鲜军指挥官袁世凯奋勇反击，大胜而归，从此奠定北洋大将的地位。可现在，掌握全国军政大权的袁世凯，却变得胆怯了。

对外胆怯的袁世凯，对内却大胆得很，当了军阀还想当皇帝。当皇帝先要防备军队起义，控制那卫国军神蔡锷。

于是，就有了蔡锷和小凤仙的故事。监视蔡锷的袁世凯党羽看到，那蔡锷沉醉于京城名妓的石榴裙下，不复当年重九起义威风。没想到，蔡锷却在小凤仙的帮助下，悄然逃出北京。

回到云南的蔡锷就是蛟龙上天，云南都督唐继尧支持蔡锷，组织护国军北上讨袁！

辛亥起义，云南在全国排第四，护国起义，云南为天下先！蔡锷发布《誓师讨袁文》："奕奕南疆，为天下先！"护国首义是云南的骄傲，至今，昆明城里有护国寺、护国路、护国门、护国桥、护国纪念标。

人们不免要问：那云南地处偏远，地理条件非常适宜割据独立，可云南人为何要忠心护国呢？

湖南人蔡锷长年在云南掌军，深入了解滇人的秉性。清朝入主中原，追捕晚明皇帝，从北方追到云南，从云南追出缅甸。云南人拼死抵抗，最恨那出卖故主的吴三桂。蔡锷在《光复起源篇》中感叹："滇人种族之感，盖大观而极！"英国侵占缅甸进逼滇西，法国侵占越南威胁滇南，"滇人士逼于外患，渡海求学者先后达七千人，或习师范，或习政法，或习陆军，多以救国自任"。

有了如此爱国的云南人，那地处偏远，不但不是劣势，反而是优势。北上讨袁的蔡锷发出《谕四川同胞文》："北方各省及沿江、沿海各省交通便利，一说反对袁世凯，他就把那无知无识甘做他犬马的军队开来攻打，朝发夕至，仓促间恐受他的害，于事无益。只有云、贵地方，相离甚远，我们的兵队可以从速筹备，陆续出发。到我们的兵队开到各处，各省接着声威，可以渐次响应，渐推渐远，声势浩大，就是替他做犬马的，也可以渐渐醒悟过来。那时袁世凯孤立无助，不愁他不倒！"

1915年12月25日，袁世凯在北京宣布当皇帝仅仅13天，云南就打响讨伐袁世凯的全国第一枪！

蔡锷率领护国第一军，北上四川。李烈钧率领第二军，东出

云南护国军将领,前排中为蔡锷。

广西。唐继尧第三军坐镇云南,后方支援。

护国第一军任务最艰险,七千人对战北洋军四万人!

兵贵精而不贵多,蔡锷亲笔致信滇南,征调爱将朱德。重九起义前,蔡锷就熟悉了朱德。蔡锷任协统时,驻地就在讲武堂旁边,讲武堂一个面容憨厚的学员,经常来蔡锷司令部串门,查阅资料,请教问题。这个热心钻研军事的朱德,引起蔡锷的注意,重九起义时派他攻打总督衙门,又把这个排长直接提拔为连长。战场归来,蔡锷下令讲武堂恢复招生,调朱德当教官和学生区队长。值得注意的是,朱德的学生中有两个后来的"云南王"——龙云和卢汉。不久,朱德又离开讲武堂,带领一营兵马布防滇南边境。从1911重九起义到1915护国起义,短短4年间,朱德由排长晋升到团长。

蔡锷领军,滇军振奋。朱德视蔡锷为"良师益友",一旦师长召唤,朱德立即率兵出战,每日行军百里,赶到川南重镇泸州。

护国军攻打泸州,北洋军大举反攻,棉花坡成为必争要地。朱德支队在阵地失守的当口赶到,来不及造饭就参战,及时堵住缺口。

坚守防御,朱德以白刃战加夜战击退敌人,棉花坡巍然屹立。攻势防御,朱德以侧攻迷惑敌人,夺取棉花坡附近的高地。北洋军火力太强,滇军很难固守阵地,朱德摸索出前所未有的新战法——运动游击战。滇南防御期间，朱德整日同土匪打交道，学到了军校没有的课程——游击战。

棉花坡连日血战，蔡锷评为"入民国后第一恶战"！

善打防御战，朱德创造的新战法有效地阻滞敌军的进攻。蔡锷又把攻击泸州的重任交给朱德。善打攻坚战，朱德率军鏖战五天五夜，攻克北洋重镇。

泸州大战，撼动北京的皇位，袁世凯不得不宣布取消帝制。

一战成名，朱德率军进驻泸州，马背赋诗：

中华灵气在仑山，威势飞扬镇远关。
史秽推翻光史册，人权再铸重人间。
千秋汉业同天永，五色旌旗映日殷。
多少英才一时见，诸君爱国应开颜。

战将是打出来的。护国战争的川南大战，打出滇军名将朱德。护国战争的川东大战，打出川中名将刘伯承。

强军是打出来的。一场护国战争，打出滇军的威风，以少胜多，滇军战胜号称天下第一的北洋军！

昆明城建起"正义门"，云南人高唱《首义纪念歌》：

四省战云铸军院，

威震北伐胆丧元凶。

共和复兴帝制终。

伟矣哉！吾滇军之功。

## 将军留学生

护国起义击碎袁世凯的皇帝梦，却未能剪除军阀势力，这国家还是枪杆子说了算！没了袁世凯那个大军阀的压制，各地的小军阀纷纷拥兵自重。辫子大帅张勋发动政变复辟清朝，段祺瑞赶走张勋又废除约法和国会。

辛亥革命的成果再次丧失，革命领袖孙中山决心护法。护法还得倚重武力，倚重护国战争的主力——滇军。靖国联军总司令唐继尧率军北上，入四川出陕西，直下湖北湖南。

支持中央的滇军，得到中央的倚重，从此走出云南一省。唐继尧从三省联军总司令升格八省联军总司令，滇军将领张开儒当了民国陆军总长，朱培德军长的婚礼由孙中山主婚。

这一年1917，遥远的莫斯科十月革命，建立第一个社会主义国家苏联。

军神死了。护国起义，只当了83天皇帝的袁世凯含恨死去。护国成功，功成名就的蔡锷也累死了。

南北两大军神同期离去，滇军统帅唐继尧就成了唯一的主帅，自号"东大陆主人"！皇帝有御林军，唐大帅有次飞军。禁卫军成员身高6英尺以上，身着西洋军礼服，头戴红边高帽，帽顶还有冲天缨！禁卫军胯下高头大马，背挎十响马枪，每人还手持一把三国吕布的方天画戟！唐大帅出行，不骑马不驾车，乘坐八抬绿呢大轿，开路的掌旗官高举"唐"字大旗。这派头不伦不类，中国的土皇帝加海外的洋元帅。

不论你看得惯看不惯，有枪就是王。滇军援助四川的部队，索性长驻四川不走了。当"云南王"还不够，唐继尧还要当"西南王"！

唐继尧麾下的滇军旅长朱德，兼任四川泸州的城防司令。这个当年冒籍出川的仪陇人，如今衣锦还乡！

出身贫寒的朱德，不忘探望贫苦的乡亲，不忘过问士兵的伙食，泸州士民为朱德立起功德碑，"救民水火""除暴安良"。

和平将军，渐渐地生活也讲究起来。古典园林，长袍马褂，邀集蜀中名士，诗酒唱和。"戎事余欢，逢场作戏，苦中寻乐……"云南已有妻子，在泸州又娶一房，还学会了抽大烟。

云南本来就盛产罂粟，现在驻军外省，又增添了更大的鸦片市场。鸦片贸易财源滚滚，滇军将领纷纷过上优裕的生活，唐继尧也不再谈北伐梦，北伐梦不如西南王现实。

四川人不服了，喊出"川人治川"的口号，川军与滇军发生冲突。

四川籍贯的滇军将领朱德，格外体谅人民的呼声。朱德认为，中国历史表明："成大事者起兵以义。"这就是说，军队必须依靠人民。滇军驻川，本是护法北伐的正义之师，可现在驻扎四川并不北上，那不成了霸占地盘的军阀？

"不仁转属义师！"朱德痛心地发出通电，呼吁滇军与川军息兵停战，出兵北伐。

唐大帅不准！唐继尧强令滇军对川军作战，而且只管下任务，不提供给养补充。

丢失正义旗帜的驻川滇军，大败而归。回省部队与留省部队会合，滇军倒戈，推翻大帅唐继尧！

回到云南的朱德飞黄腾达。赶走唐继尧，老长官顾品珍从军长升任总司令，执掌云南全省的军政大权。旅长朱德，升任云南陆军宪兵司令。

这一年1921，中国共产党成立。

朱德始终关注国内的政治动向，在这个时代从军，就是从政啊。"清末叶，内讧未息，外患频来，生当其时，必蹈越南覆辙，不得已奋身军界，共济时艰。"

可朱德奋身的军界又怎样呢？1917年出省护法，1921年回老家内斗。四年蜕变令人心寒，这是革命军还是封建军阀？

1922年初，朱德转任云南省警务处处长兼昆明厅长。这职务，负责云南全省军政各界的内部防卫，堪称位高权重。警察厅长的官邸，就在五华山省政府的山麓，二层回廊楼房，园中太湖石山，舒适而幽雅。

权力的诱惑，很容易改变一个人的志向。可朱德心不在权，还是想走出去，走出去看看更大的世界。驻防泸州时，朱德和妻子的舅父孙炳文密切交往，两人阅读广泛，反复探讨中国的革命为何没有取得成功。时代风云变幻，1917的十月革命，1919的五四运动，不断冲击着世界，也冲击着中国腹地的泸州小城。朱德心里滋生了一个设计：出国看看，寻找一条救国救民道路。只是这几年不断的升官晋爵，困住了朱德出行的脚步。

这时，唐继尧帮助朱德下决心了。

滇军主力再次出省，参加孙中山组织的北伐。云南兵力空虚，出逃香港的唐继尧乘机反攻，击毙顾品珍，通缉朱德。

朱德正好可以实现走出去的夙愿了。可是，这不是和平的出走，而是冒险逃亡，从云南上四川，从四川下长江……

朱德到了上海，由孙炳文带路，拜见孙中山。这时，孙中山因部下陈炯明叛乱，正避难上海。见到滇军战将，孙中山非常兴奋，立即拨付十万大洋，要朱德组织滇军收复广东。

这不又是借助军阀打军阀吗？朱德心中早已认定：依靠军阀武力搞革命，不是一条正确的道路。

与朱德同行的滇军将领金汉鼎，拿着十万大洋，高高兴兴回

朱德与金汉鼎

云南了。朱德却继续滞留上海，寻找比国民党更穷的共产党。

孙炳文和共产党的创始人陈独秀、李大钊相熟，早已向朱德介绍这个代表中国前途的党。可是，共产党的总书记陈独秀，对待朱德相当冷淡。共产党是新生的无产阶级政党，怎能接收将军级别的旧军官呢？

找到了路，却进不了门。

朱德心中绝望而混乱，只有出国了。朱德出国，没有去孙中山建议的美国，而是去了欧洲，欧洲那边有新兴的社会主义思潮。

从法国追到德国，朱德找到中共旅法组织的负责人周恩来。面对这个比自己小十岁的共产党人，朱德诚恳地表态：我不会再回到旧生活了，旧生活在我脚下已经化为尘埃了！

朱德说的不是空话。离开西南的时候，朱德安排了自己的几个妻室，只留一人。到了上海，立即戒除鸦片烟。新时代，走出陈旧生活方式有两条标准：不吸鸦片不纳妾。这是革命党人的起码要求，因而也成为旧军队起义的标志。特务侦查某人是否秘密转向共产党的时候，往往先看你是否戒除大烟。

断绝旧生活，走向新时代，朱德经周恩来介绍，加入了中国共产党。不过，朱德的公开身份依然是国民党党员，周恩来要朱德做秘密党员。这秘密身份，有助于朱德将来做兵运工作。

出国入党，朱德找到了救国救民之路，也找到了自己的生活

29

道路。找到道路的朱德，苦心学习，学习外语，还学习军事，军事是朱德的老本行。

德国是现代军事组织的发源地，朱德住到一个德国将军家里，进入欧洲顶级学府哥廷根大学，潜心研读国际军事历史。在德国，朱德秘密参加了德国共产党组织的半军事组织的野营和演习，又向党组织提出要求，秘密潜往苏联，参加国际军事培训。

留学德国，留学苏联，中将朱德大概是军阶最高的出国留学生了。

学战史，学战法，中国军人朱德学到当时世界最先进的军事制度。

中国军人向何处去？

滇军中，要属朱德走得最远……

## 从滇军到党军

就在朱德走出云南的时候，曾泽生走出家乡。

曾泽生的家乡在云南昭通永善县，金沙江边的小山村。这里可以说是中国大陆最深远的腹地，最难走出的地方。现在，从昆明坐火车到昭通要8个小时，从昭通到永善乘汽车要5个小时，从乡镇到曾家所在的山村还得徒步走上4个小时。

曾泽生13岁出山的时候就更加艰难。第一次外出，被家人抓了回去。第二次藏在山洞里，深夜徒手攀爬十几个小时，才到达乡镇。再徒步行走十几天，才能到达县城。谁能想到，这个穷苦的农家子弟，将来会成为国军第60军中将军长，1948年10月在长春率部起义，又成为中国人民解放军第50军中将军长。

1922年曾泽生考入云南讲武堂。对于一个山村青年，这已经是很好的前程了，住在省城中心，毕业就能当军官。可是，这个青年的眼光却不限于滇军。1925年，曾泽生又走出云南，远赴广州，考入黄埔军校。

这黄埔军校，果然同云南讲武堂不同。讲武堂是地方军阀办的，黄埔是国民党办的。云南讲武堂毕业的学员是滇军，黄埔军校毕业的学员是党军。

"党军"？这是中国从未有过的军队。

孙中山发动革命，起初依靠会党起事，继而依靠新军起义。可是，起义后的新军却变成割据地盘的军阀，只有"湘军""滇军""粤军"，没有"国军"啊。

于是，孙中山决心创建自己的军队。这支直属国民党中央领导的军队，不叫粤军，不叫滇军，叫作"党军"。地方军注重地方利益，党军却服从中央，一旦国民党成为全国的执政党，"党军"就是"国军"了。

创建党军要有干部，在苏联和中共的帮助下，孙中山创建了黄埔军校。

黄埔军校的门口雕刻对联："升官发财不要进来"！这军校拒绝培养军阀！

黄埔军校校长蒋介石，党代表廖仲恺。军校教导团组成的第1师，赫然称为"党军"。孙中山组建的国民革命军，各个军都要学习党军的建军经验，都有党代表，都有政治机关。这是一种新的军队，一种可以称为现代军队的军队。

滇军保家，党军卫国。比起云南讲武堂，曾泽生更乐意参加黄埔军校，更乐意参加这党军。

曾泽生的选择，也是滇军众多军二代的选择。潘朔端、龙泽汇、朱家璧等滇军子弟，纷纷走出云南，投考黄埔军校。

## 同室操戈

新生的中国共产党，也在关注滇军。

滇军打退陈炯明，孙中山在广州恢复大元帅府。1923年4月11日，中共中央发布《告滇军士兵书》："责任与光荣不仅在以前护国护法及驱陈之役，尤其在继续拥护革命，进而打倒一切压迫人民的军阀和侵害中国的外国帝国主义。"驻粤滇军杨希闵部发生叛变，共产党立即派人前去策反。

滇军这时分成两支：驻外滇军，完全纳入中央的军队编制序列，只是兵员仍从家乡招集，所以还被称作滇军。留省滇军，由云南地方任用供养，守土保家的地方部队。

"滇军精锐，冠于全国。"驻外滇军的战力和忠诚，得到国民党中央的高度信任。在广州，滇军担任孙中山大本营拱卫军。1924年国民党第一次代表大会，滇军李烈钧、杨希闵和共产党的毛泽东入选，蒋介石连个代表都不是。高级将领聚会，滇军上将范石生见了小蒋，连招呼都懒得打。

留省滇军保卫家乡并不容易。云南民族众多，内乱丛生；边境绵长，外患频仍。先是驻川滇军驱逐唐继尧，又有唐继尧重回云南排除异己。唐继尧穷兵黩武，先是发动滇桂战争，又与北洋军阀吴佩孚相勾结，排除异己。留省滇军内讧不断，始终难以控制云南局面。

1926年，中共云南特别支部成立，支持滇军北伐，同时帮助国民党成立地方组织。还有一项重要任务，就是推翻唐继尧，倒唐工作的重点对象，又是云南的四大镇守使，重点之中的重点，又是龙云。

彝族青年龙云，能文能武，1912年考入云南讲武堂，在比武中力克法国拳师。唐继尧十分欣赏龙云，任命龙云负责自己的警卫大队，又提拔为驻军省府昆明的镇守使。

龙云位于滇军的高层核心，一旦倒戈，唐继尧将无计可施。共产党员吴澄与龙云秘密会谈，四大镇守使同步动作，发动二六政变，逼迫唐继尧下台。

新的云南政权，宣布拥护广州政府！中共云南特委组织三千人庆祝大会，共产党人吴澄和赵琴仙公开主持发言和游行。

唐继尧逝去，留省滇军群龙无首，龙云登上顶层，一个新的云南王诞生了。

从唐继尧到龙云，滇军将领大多出自昭通地区。地处滇东北的昭通，正是云南、贵州、四川三省交通枢纽，民风强悍而开放。昭通罗炳辉将军广场，石壁的雕像中有多位60军将领，军长卢汉、安恩溥、曾泽生、师长潘朔端、陇耀、白肇学……

开放的昭通，居住着汉族、彝族等多个民族。彝族自古骁勇善战，老祖宗三十七蛮部治军，前胸中刀箭者奖，背后有刀伤者再用刀砍其背！

昭通的彝族又比四川凉山更接近汉文化，龙云等彝族青年自幼使用汉语，方便地进入省城昆明的文化圈。龙云为人宽厚，慷慨好施，在云南的彝族和汉族中都颇有声望。

滇军再次内讧中，龙云战败被俘，有人找到张冲："都是彝族人，你救龙云不救？"张冲并不认识龙云，可张冲二话不说立即出兵！

龙云身边，聚集一伙彝族将领，成为滇军的核心。

龙云说汉话写汉文，格外尊重汉族知识分子，善于结交各族朋友。龙云不像唐继尧那样穷兵黩武，而是掌权就收缩军备，还

## 第一章　云南有个讲武堂

大力发展地方经济，扩建个旧矿山。一时间，龙云治下的云南，呈现和平景象。

云南地方表态效忠广东国民党政府，滇军也努力向黄埔党军看齐。誓师北伐，第一军是黄埔党军，第二军是湘军，第三军就是出省滇军！国民革命军披坚执锐，所向无敌，一支革命强军跃然而出。

可惜，这强军之梦突然被击碎。

动荡年代，分化年代，军队总是首当其冲。中国近现代军队的建设自新军始，新军又分为北洋军和革命军，革命军中又有党军和地方军，到了1927年，这党军又分裂了！

北伐军总司令蒋介石军权在手，一手向武汉的国民党中央争权，一手打压共产党。1927年4月12日，蒋介石在上海屠杀共产党人，同时严令全国各地清党！

同室操戈，军中大忌。滇军将领向来注重袍泽情谊，党派观念并不强。云南的龙云公开做出大动作，撤销军中的政治部，抓捕公开的共产党人；接下来，又悄悄把李鑫等人放了。

国共合作带来北伐战争的胜利，创造了青年军人寄予希望的党军。

可现在，军上之党，国共两党分手了。那么，中国现代军队将何去何从？

兵家老话：分道扬镳！

曾为从军而离家出走的曾泽生，曾为党军而离乡出走的曾泽生，又对这样的军队失望了，再次离队出走……

在这洪流滚滚的大革命年代里，中国军人苦苦寻找强军之路。

迷茫时分，滇军官兵不禁想起那消失三年的滇中名将——

朱德在走什么路呢？

# 第二章 当滇军遇到红军

☆

留学将军回国了。

1926年7月,出国留学三年半的朱德,乘坐海轮返回祖国。满腹都是全世界最先进的军队建设经验,手下却没有一兵一卒,待业将军一员。

待业将军回国,居然受到军方的热烈欢迎!不等回到云南,路过四川就被护国战争的老袍泽杨森扣下了。中国的老军旅谁不知那朱德,军衔虽然不是最高,却是全中国军事素养最高的军人。论作战,棉花坡那样的恶战,不亚于任何一次北伐战役。论留学,蒋总司令上的只是日本的士官补习学校,比欧洲大学差得远。

重入军旅，朱德也是欣然受命。留学欧洲早已立志："归国后即终身为党服务，做军事运动。"

共产党赋予这个秘密党员的任务，也正是朱德特长——帮助川军北伐。这次北伐战争，国共两党合作推进，共产党努力用政治工作支持国民党领导的国民革命军，同时策反阻碍北伐的地方军阀。军事长官出身的朱德，第一次当了政工干部，任职国民革命军第20军党代表兼政治部主任，还结识了两个四川同乡：刘伯承和陈毅。

三个未来的共和国元帅，这么早就并肩战斗了，不过，他们从军的部队，现在还不是共产党领导的军队。杨森参加北伐并不坚定，对朱德这些左派人物心怀忌惮。于是，朱德又沿江而下，从四川到达江西。

## 南昌起义的参谋向导是谁？

江西这边更欢迎朱德——滇军的地盘！

驻扎江西的国民革命军第三军，正是出省滇军的主力，当年的护国第二军。北伐开战，第四军粤军攻打武汉，共产党掌握的叶挺独立团一路当先。第三军滇军进攻江西，很快拿下南昌，兵锋直指中国最大的城市上海。

国共合作的北伐一路挺进，眼看打败北洋军阀，中华复兴有了希望。

听说朱德回国,当年的结拜兄弟范石生立即表示,要把自己16军的军长位置让出来。这可不是让件衣裳那么简单,现时的军权就是生命和饭碗啊!

第三军赶紧抢朱德。军长朱培德的名字只比朱德多一个字,当年都是云南讲武堂的高才生,号称"模范二朱"。朱培德此时属于国民党左派,同共产党关系良好,军党代表朱克靖是黄埔一期毕业的共产党人。第三军重视政治建军,特意举办政治训练班,还请共产党领袖周恩来到班讲课。

于是,朱德在国民革命军同时有了两个军职:权力不大但名位很高的第三方面军总参议,名位不高而权力很重的第三军军官教育团团长,军官教育团负责培训第三军各级军官,开学典礼那天,蒋介石总司令亲自到场。军校生就是军权的人力资源,蒋介石能够当上总司令全靠黄埔军校的人脉资源啊。

两个总司令第一次同台阅兵。

现任北伐军总司令蒋介石训话:"现在总理不在世了,我们必须选择一个作为我们信赖的中心。"这时分,国民党中央在武汉,北伐军司令部在南昌,汪精卫和蒋介石正在争夺国民党的最高领导权。

未来的红军总司令朱德接着讲话:"旧军阀要打倒,新军阀同样也应打倒!"亲身经历护国起义的朱德,警惕袁世凯再现。

第二天，蒋介石就显露新军阀的霸气，暗杀江西总工会委员长陈赞贤。朱德带领军官教育团支持工人纠察队，缴了蒋介石宪兵团的枪！

从江西到上海，政治空气骤然紧张。

就在这当口，江西省政府主席朱培德，任命秘密共产党人朱德为南昌市公安局局长，负责北伐阵营的内部安全。

1927年4月12日，蒋介石在上海发动政变屠杀共产党，严令各地各军清党！

江西怎么办？

重视袍泽情谊的滇军，对生死与共的战友下不了狠手。朱培德的做法是礼送出境，发放路费请朱克靖等共产党人离开。范石生的做法是按兵不动，共产党支部就地隐蔽。

朱德见势而行，先是公开撤离南昌，7月20日又悄悄返回。朱培德得知朱德的行踪，非但没有派兵抓捕，自己反而离开南昌上了庐山，还把南昌的大部队调离，留下的三个团就有一个是朱德带过的军官教育团，其中藏着陈奇涵、周兴等不少共产党员。

过去"礼送"，现在"礼让"？谁也不知朱培德的心中到底如何打算，反正，事实是朱德成了南昌城里的实权人物！

周恩来从武汉赶到南昌策划起义，首先住进朱德的寓所。虽然朱德在南昌的军职不高，但南昌守军尽是朱德的老部下。周恩来认为，朱德是一个很好的参谋和向导。

朱德在南昌城里的寓所

起义前，朱德把南昌驻军两个团长请来吃饭，滇军老将招呼你后生小辈，谁敢不来？

朱德这边吃饭，贺龙那边准备动手。正吃着，贺龙部队一个云南籍军官跑来滇军报信：贺龙的20军将有异动！

两个团长立即离席，朱德赶紧去贺龙那里报信，起义提前打响！

战斗打响的时候，南昌驻军大多放弃抵抗。朱德还拉着团长四处巡视，制止残兵抵抗。

1927年8月1日南昌起义，中国共产党打响武装反抗的第一枪。这8月1日，后来成为人民军队的建军节。

虽然起义一举成功，但毕竟是敌强我弱，起义军不得不撤出南昌。朱德带领参加起义的滇军弟兄，组成第九军，为大部队先遣开路。

选择朱德当先锋十分恰当，前路阻挡的多为滇军所部。朱德边进军边派人送信，临川守将杨如轩出城让路，滇军战将金汉鼎主动撤离阵地，滇军将领个个尊敬滇中名将朱德。

起义军继续前行，遭遇蒋介石嫡系钱大钧的重兵阻截。敌人越打越坚决，粤军不许起义军进入自家地盘。这时，周恩来患病，由聂荣臻和叶挺护送潜往香港。

朱德和陈毅带领两千多残部，艰难突围。兵困马乏，弹尽粮绝，部队情绪低到零度。

朱德当众鼓动："大革命失败了，我们的起义军也失败了！但是我们还要革命的，同志们，要革命的跟我走，不革命的可以回家，不勉强！"

兵败如山倒，面对全军崩溃的危机，朱德"不动如山"。对于一个战将，最大的要求是能够打胜仗。对于一个统帅，却还要看你如何处理打败仗。危难时刻，这支部队没有散伙，朱德始终是主心骨。

尽管坚决革命，还是要设法保存实力。

前路驻守的敌军正是范石生的16军，那范石生和朱德在云南讲武堂是同班，两人一起入同盟会，一起入国民党，一起护国作战。朱德与范石生的代表见面，提出请范石生帮助自己保留部队，条件是必须保证这支部队由共产党领导。范石生早就想和朱德联手，立即答应朱德的全部要求。朱德的起义部队使用16军47师140团的番号，朱德化名团长王楷。范石生拨付十万发子弹，供应全团给养，还答应这支部队完全由共产党领导，朱德可以随时离去。

军旅不带家庭，战友就是分量最重的人脉关系，战场上生死援救，生活中解袍相助，"袍泽之谊"！

国共政治分裂，袍泽战友也不得不分道扬镳。但是，大家毕竟出于同门，不忍同门相杀啊。

## 第二章 当滇军遇到红军

## 滇将打滇将

还有一对袍泽战友，正在流浪。

曾泽生和潘朔端关系最好，云南讲武堂和黄埔军校的双重同学。四一二事变清党，潘朔端被认为亲共，不得不逃出第三军。曾泽生反感国民党同室操戈，也退出了广东部队。两个老同学结伴闯天下，四方寻找梦想。走广州，走上海，在中国最大的都市，两个前军官当了汽车修理工。

正在这时，云南老乡卢浚泉来找人了。新一代云南王龙云看不惯滇军的旧习气，要对军队"割大毒"！整顿军队先办军校，特别看重黄埔出身的教官。

刚刚熄灭的强军梦，又被点燃，曾泽生和潘朔端回返云南。滇军新办的云南军官候补生队，由卢浚泉任大队长，曾泽生任副大队长，潘朔端任中队长，李韵涛任副中队长，校址正是原来的云南讲武堂！

新干部果然不凡，很快带出一个旅的新军官，龙云称其为"滇军模范"，编制"近卫一旅"。以前的云南讲武堂，那是唐继尧老滇军的起家本钱；现在的军官候补生队，这是龙云新滇军的组织基础。这时的中国，枪杆子里面出政权。南昌起义、秋收起义，共产党拉起自己的武装。国民党用屠杀来维护执政地位，云南共产党领导人王德三、李鑫、吴澄等400多个共产党员和革命人士被杀害。

杀了共产党人还不够,蒋介石最怕别人分军权,又指责龙云私办军校,而且派遣特派员到云南追查。

龙云赶紧把这些教官掩护起来,卢浚泉是龙云的彝家亲戚,容易躲藏,曾泽生、潘朔端、李韵涛这些汉族军官只能外逃。逃亡路上,他们结拜成了异姓兄弟。

国共相争,滇军向何处去?

朱德向左,龙云向右,滇军将领分道扬镳。只不过,这云南依然是地处偏远,国军和红军都很遥远。滇军的军二代,继续从军的梦想。

云南讲武堂还是滇军摇篮,大理白族青年李佐1929年入学,1931年当教官,带了个新生杨重是布依族,这杨重瞒着老师1935年加入共产党。黄埔军校依然是党军梦想,彝族青年龙泽汇和汉族青年朱家璧在1930年投考黄埔,这朱家璧1938年瞒着同学投奔延安。最终还是殊途同归。云南讲武堂的教官李佐1948年在长春起义,黄埔军校的学生龙泽汇1949年在云南起义。

在全国和云南都遭受屠杀的共产党,决不认输。撤出滇军不等于放弃军队,地下党要在云南创建红军!

1930年,云南陆良暴动,组建红38军。敌强我弱,暴动失

曾泽生

败，组织者徐文烈等转入地下工作。这个在云南搞军事工作的徐文烈，就是未来解放军50军的首任政委。

徐文烈搞学生运动起家，也有实际工作经验，搞农运，搞兵运，起义失败后就读云南大学，毕业后在宣威中学任教。徐文烈和许多地下党员曾经被捕，幸亏有秘密党员潜伏在政府机关任职，昆明市市长熊从周下令取保释放，徐文烈等共产党嫌疑人才得以脱身。

从云南到全国，眼看共产党就要被赶尽杀绝，许多出省滇军将领投靠了蒋介石。蒋介石出兵"围剿"江西红军，主力军就是滇军的杨池生和杨如轩。二杨的对手，红军总司令朱德，正是滇军的老长官。

滇将打滇将？小将哪里是名将的对手！朱德和毛泽东创造了红军的独特战法"十六字诀"：敌进我退，敌驻我扰，敌疲我打，敌退我追。红军根据地的老百姓唱道："不费红军三分力，打垮江西两只羊（杨）！"

真正的军人，谁不羡慕能征善战的军队？1929年，就在进攻红军的核心地带，吉安守将罗炳辉起义了。

按说，罗炳辉在滇军仕途很好。虽然没有上过讲武堂，但行伍出身的罗炳辉富于实战经验，北伐作战中奋勇营救军长朱培德，赢得能打的美誉。南昌起义时，曾有地下党员劝罗炳辉仿效朱德，但罗炳辉犹豫了，还没有看到共产党军队的样子。

红军和白军在江西的多次交战，使罗炳辉眼界大开——这支军队太能打了！上下同心，力可断金，从军就要当红军！

从南昌起义到吉安起义，滇军将领自觉追随朱德的脚步。罗炳辉后任红军第九军团军团长、新四军副军长，名列中国36个著名军事家。

在滇军中，期望追随红军的将领不止罗炳辉一个。

出身贫苦的彝族汉子张冲，因反抗暴政聚啸山林。没有上过讲武堂，却靠自己的勇敢和才智，居然拉起一支能打的队伍。张冲总是觉得红军的主张同自己合拍，都是要杀富济贫。甚至连红军的战法都与自己相似，游击取胜。

张冲也想找红军，可云南没有。1930年第二次滇桂战争爆发，张冲随卢汉进军桂西，占领了百色地区。百色起义一打响，张冲立即派人寻找红七军，可惜，先去的排长被红军杀了，再去个连长也被杀了，红军不相信白军！

张冲急了，谈不成就打，我把你红军司令捉来相会！张冲率领前卫团突袭红七军的军部，可邓小平还是连夜脱逃，没让张冲捉到。不过，到了1978年，两人就常常坐在一起开会了，邓小平是全国政协主席，张冲是副主席。

红军还是白军，始终是摆在滇军面前的艰难选择。

这时，一支外国军队来了——1931年九一八事变，日军侵占中国东北。

蒋介石勇于内战，怯于外敌，让中国军人失望。当年12月，出自西北的第26路军在江西宁都起义，加入红军。

中华苏维埃共和国主席毛泽东于1932年4月15日对日本宣战，高举抗日大旗。

东北抗日义勇军崛起！马占山等东北的国民党军人，奋起抵抗。

令人敬佩的是不少关内人也来东北抗日！

第一军军长杨靖宇是河南人，女英雄赵一曼是四川人，教授从军的冯仲云是江苏人，还有个领军人物周保中来自最南边的云南！

英雄不问出处！东北人尊敬这些外来将领，人家抛家舍业来东北挨冻受死，为的是救国啊！

周保中是云南大理的白族人，15岁入滇军参加护法战争，1922年上云南讲武堂，北伐作战率队奇袭南京雨花台，就在"四·一二事变"之时毅然加入共产党，又去苏联学习深造。1931年九一八事变后，周保中从苏联潜回中国东北，任中共满洲军委书记，东北抗日联军第二路军司令。

都说军队要保家卫国，可老蒋那里只见保家不见卫国。

人家共产党不讲出身地域，不争个人地盘，那才是真革命！

## 游山玩水送红军

20世纪30年代,中国大地同时打着三种战争:东北有外国侵略,中原军阀在混战,南方搞"围剿"。蒋总司令的主力,并未用于抵抗日本侵略,而是用来打内战,国民革命军打国民革命军,白军打红军。

两军对垒,各有资源。白军是有枪有钱的官军,但官军士兵不知为何而战;红军缺枪少粮,但红军官兵都知道为谁打仗。

这样的两种军队,战场碰撞,谁胜谁败?

红军英勇善战,总司令朱德和总政委毛泽东合作默契,连续粉碎白军四次"围剿",但是,第五次却遭遇危机。党内的"左倾"领导撤掉了毛泽东的指挥权,朱德的游击战术也被否定。外国来的军事顾问,根本不知道中国还有什么滇军这样的地方部队可以争取。

红军被迫长征,湘江一战损失大半,遵义会议请回毛泽东主持军事。

毛泽东指挥机动灵活,红军屡屡从各地军阀的接合部突围,转入生疏的西南地区作战。其实,红军到西南也有高级向导:总司令朱德出自滇军,总参谋长刘伯承出自川军,他们对当地军情了如指掌。川军较弱,而滇军强悍,红军的策略应该是避强击弱。

毛泽东谋划突围北上，甩开中央军追击，从云南渡金沙江进四川。可那又要遭遇强悍的滇军，正是两难之境。

正当此时，滇军也在琢磨怎么对付红军。多少年来，都是滇军出省打别家，这次红军入滇，将是滇军从来没有遇到的客军入侵。

龙云召集云南高官会商，众人都相信蒋介石的估计：红军同国军实力相差太远，必然像太平天国石达开入西南那样最终败亡。所以，我滇军必须服从中央。

民政官员却提出：如果在省内"围剿"红军，作战给地方带来的损失太大，还是应该保境安民，把红军防堵在云南境外。

久议不决，龙云点名孙渡发言。这位滇军的智多星提醒大家：这客军入滇并非只有红军一家！还要防止老蒋一箭双雕，假借追剿红军，乘势把中央军伸进云南地盘。这话点醒大家，邻省贵州的王家烈正是这样被老蒋干掉的。

可是，那老蒋打着中央旗号，强令各地追击围堵红军，你云南地方胆敢对抗？

孙渡又有奇计：追而不击，围而不堵。兵法云：穷寇勿追。那红军一路亡命，战力甚强的湘军和桂军都阻挡不住，我滇军也应尽快将其赶出境外为好。

龙云当即任命孙渡为总指挥行营主任。同时又给蒋委员长发出电报："查该匪窜往滇东，已入死地。匪众多系客籍，语言地形，均难活动，朱德虽熟亦多隔膜。"

其实，朱德对滇军的小算盘，一点儿也不"隔膜"。

红军佯攻贵阳，贵阳城里的蒋介石眼看就是瓮中之鳖！滇军大将孙渡星夜出省驰援，红军却转身抄了滇军后路，三路大军直入云南。

这时分，滇军三个旅都在省外，昆明城里只剩一个团，空城而无计。躲在城里的还有两个美国人，外交官谢伟思和植物学家洛克。植物学家向西方介绍云南的风土人文，外交官则记下红军的神勇。这位谢伟思后来去了延安，建议美国支持八路军抗日。

全省滇军紧急营救昆明，红军却并未攻城，而是虚晃一枪，挥师北上。七条小木船，七天七夜，平平安安渡过天险金沙江。

云南的天险居然给红军让路！蒋介石大怒：你滇军熟悉地理，怎得给红军腾出时间安然渡江？按照蒋介石的作战部署，滇军应该奋勇追击，同川军两岸夹击，"击半渡之敌"，那可是最最有利的歼敌态势啊！

确实，滇军不是不熟悉那金沙江的地形，龙云的家乡就在江边嘛。

只是，滇军不肯与红军打恶仗。追击部队的营长潘朔端记下作战日记："本是同根生，相煎何太急。倭寇侵略开大门，同胞路过紧相逼。"潘营放慢脚步，红军加快脚步，待潘营慢慢走到石鼓渡口，红军已经全部渡江了。

"没有红军在前面开路，哪有机会饱览这大好的河山。"滇军的作战态势，用潘朔端这些带兵军官的话就是："游山玩水送红军。"

殊不知，还有一段龙云送图的隐秘故事。

1935年4月27日，红军中央纵队行军在曲靖坝子，军委副主席周恩来谈笑风生，天上来了飞机也不隐蔽——蒋介石还不知道红军进入云南了。

突然一辆汽车驶来，似乎不知前方是红军部队。

周恩来下令阻截，截下来的这辆汽车，满车都是红军急需的宝贝！云南军用地图，标明红军北渡金沙江的路线与渡口。云南白药、宣威火腿、普洱茶叶，好像是专门备好的慰问品。红军战士乐得不行，审问押车的国民党军官这才知道，这是龙云给中央军长官薛岳送地图的专车，误打误撞送给红军了。

周恩来笑道：《三国演义》有张松给刘备送地图，现在是龙云送图给红军！

红军的幸运故事传诵多年，近年才揭出一段秘密。龙云的儿子龙绳德和张冲的儿子乌谷，一次旁听父辈的谈话得知：那地图本来就是龙云有意送给红军的！

红军进入云南以后，朱德和罗炳辉都写信给滇军将领，表示红军的目的是北上抗日，入滇只是路过，劝滇军不要阻截。龙云当然乐得红军快快离境，赶紧送上一份厚礼。

细细想来，周恩来把龙云送图比作"张松送图"。在《三国演义》里面，那张松送图可不是被拦截下来，而是主动献图的！

给红军送图的龙云，没忘也给蒋介石送一份——《为追击红军未果请严行议处电》。这两份礼物，真是一实一虚啊！

## "爬龙背！"

红军入滇，朱德还有一招妙棋：派遣一支别动队，远离中央飘忽行动，在敌人后方牵制敌军。这棋很妙，弄得龙云穷于应付，首尾难顾。可这棋子本身就危险了，孤军深入，小部队很容易被敌军包了饺子。

这就是红军的独特之处，要什么部队有什么部队。这个别动队，由九军团担任，军团长罗炳辉本人就是滇军出身，熟悉云南的人文地理啊。

罗炳辉是个游击专家，九军团在红军中有"战略骑兵"的美誉，打起仗来撒得开收得拢。中央纵队向北，九军团反向东进，4月25日袭取宣威的板桥镇，正在琢磨怎么攻下城墙很厚的宣威城，司令部出现了一个当地教师。这位教师点破秘密——宣威城墙的西南角塌了一层，从那里攻城正可以居高临下。

罗炳辉下令从西南攻城，守城敌军弃城而逃。这一仗的最大缴获是一库房火腿，饥饿的红军战士得以吃足大肉，吃不光带不走又分给老百姓。这宣威火腿是云南特产，制成火腿罐头又走向东南亚。这个"老浦记"火腿的老板浦在廷，后来成为邓小平的岳父。

那个带路攻城的当地教师，就是云南地下党徐文烈。云南党组织被摧毁，数百人只剩十几人还在活动。即使如此艰难，大家还是没有放弃梦想，梦想有一天重新打起红军旗号。现在红军真的来了，徐文烈立即动员一批学生参加九军团，带路、宣传、做群众工作。有这些当地人物作号召，两三天就扩大红军1500人。这样，未来的共和国将军中，就有了一批云南人。书生徐文烈从此成为军人，红军、八路军、东北民主联军。待到1948年60军长春起义的时候，官兵们惊喜地发现，新来的老红军政委居然一口云南家乡话，共产党也很亲切啊。

九军团入云南本是孤军深入，却如鱼得水。攻打会泽，罗炳辉先给守备司令捎信，我是过路不是占城。这个罗炳辉的老袍泽当即弃城让路。九军团入城，只抓了一个县长一个恶霸，当地富户还给红军捐粮草。

九军团任务是吸引敌军主力，掩护中央纵队北上。这样，也使九军团自己陷入危险，有可能再也跟不上大队。九军团佯攻昆明，掩护中央纵队北渡成功，后卫立即把浮桥炸断。朱德得知九军团尚未渡河,大发雷霆,下令重新架桥。红军干部团政委宋任穷回忆,第一次见朱老总发脾气。

甩在后头的九军团,始终得到朱德总司令的格外关照。罗炳辉的九军团,也没有辜负朱老总的信任,不但引走了滇军,还全身而退。

追剿红军的蒋介石原来以为,红军走出根据地就是客军,到哪里都人生地不熟,作战肯定被动。谁料想,红军入西南是熟门熟路。

蒋介石料定红军将成为石达开第二。毛泽东却说不会,我们是朱总司令的队伍。

老马识途。这条险路,朱德至少走过四趟!青年时从四川南下云南报考讲武堂,护国战争率部从云南北上四川,又从四川撤退云南,逃亡出国又是从云南经过四川。

石达开受阻于彝族武装,可朱德和彝族将领非常熟悉。朱德从云南出走时,接替警察厅厅长职务的正是彝族将领龙云,龙云特别关照朱德的家庭。红军总参谋长刘伯承和彝族首领小叶丹歃血结盟,红军顺利通过四川的彝族地域。那地盘非但石达开过不去,国民党也进不去!

国军是盘根错节的大树,红军是随处生长的小草。红军走到哪里,哪里就会冒出地下党员迎接,这些当地党员又会带动当地群众拥护红军。

## 第二章　当滇军遇到红军

共产党有个地方军阀无以比拟的优势——全国调干部。

红军入滇，地下党员也入滇，上海的党组织调派云南籍贯的共产党员李浩然，去昆明与费炳接头，重建被破坏的地方党组织，组成中共云南临时工作委员会。

费炳在滇军教导团物色发展了杨重等人。当红军二、六军团进入云南时，党组织指示防守昆明大东门的杨重，红军来了就开门让路！

红军还有个独门绝技——群众工作。红军路过家乡的时候，林家保只有八岁，跟着大人逃到山林避难。保长说了，红军杀人放火。第二天早上天亮了，村里没起火，山上没吃的，人们就一个两个偷偷回家。回家就看到，红军和别的军队不一样！红军杀猪宰羊，都是地主家的，不动穷人一针一线！

母亲告诉林家保：快快长，长大去"爬龙背"！在云南百姓中，当红军就是乘龙上天啊。这林家保后来进入滇军，1946年海城起义，终于实现了儿时的梦想。

红军是一支前所未有的新型军队，共产党领导的现代军队，具有政治建军的独特优势。这样的军队，给中国军民提供了一个极其新锐的参照——强军应该是什么样子。

国民党掌握着全国政权，国民党军队比红军多几十倍，可是却始终无法剿灭红军。红军亡命天涯，不失革命梦想，打仗个个都肯拼命。国军互争地盘，各保实力，都幻想让洪水冲了别家的地。于是，装备最差但作战意志最坚决的红军，万里长征取得胜利。

长征是人类历史上从未有过的壮举，也令带兵人深深佩服。东北军总司令张学良百岁时还感慨：红军长征那样困难，别的军队早散了。

北伐军号称国民革命军，由于国民党分共，又分出一支新型军队——工农革命军，又称工农红军。从"国民"到"工农"，两字之差，向来以地盘划分的中国军队，首次出现按阶级归属划分的军队。

中国从此出现三军鼎立的局面：国军、共军、地方军。国共两军生死相搏，地方军就成为中间力量。中间力量的左右摆动，有时甚至能扭转战局。

滇军强悍，云南向来是滇军自家的地盘，只有滇军往外打，北打四川东打贵州广西，还从来没有外军入滇。这回地盘守不住了，红军打进来，中央军追进来，两家客军谁更危险？

脚，站在国军队列；心，却同情红军。地方军阀内心更怕蒋介石借刀杀人，对红军反而纷纷放水。

龙云的态度是尽量保持中立。

云南全境都是山地，城镇和农田不过是山间的坝子，小坝子是乡镇，大坝子就有大理州和省府昆明。这样的地势，便于闭关自保，适宜独立经营。云南省政府主席闷头在家乡搞建设，对外不挑衅不用兵，集中财力发展经济。

这期间，龙云的宗族祠堂建成了。有意味的是，龙氏家族的墓地，不是坐北朝南，而是坐南朝北。在云南，朝南就是外国，朝北才是中原。云南人的传统习惯，总是有国家意识，未必只知道地方利益。

滇军官兵党派意识不强，就凭良心做事，可中国军人的良知是"保家卫国"！

论"卫国"，打红军不如打日本，滇军不愿为老蒋打内战祸害家乡。

论"保家"，滇军的家乡就是云南，滇军的任务就是防客军，不仅防红军还要防中央军。

红军，很快离开云南北上抗日。国军，追击红军离开云南。滇军，留在云南看家护院。那外国侵略军呢？日军还在遥远的东北。

滇军的官兵弟兄们，只图保家忘了卫国？

# 第三章 60军血战台儿庄

☆

1937年8月9日，一架欧亚航空公司的飞机降落西安。

西安行营主任蒋鼎文恭敬地走上飞机，问候即将飞往南京的云南省政府主席龙云。对于迎接龙云的礼节，蒋介石丝毫不敢怠慢，龙云这个省政府主席，任职十年没有到首都南京一次！

听宣不听调！这是自古以来，中国地方实力派对付中央领导的惯用招数。我名义上听你宣讲训话，实际上绝不允许你调动我的军队。

龙云又加上一条，不去开会。地方长官不去首都开会，这似乎有些说不过去。可是，国军部队向来有句话："当官的怕开会，当兵的怕分散。"国军部队不能打游击，打游击要分成小分队，一分散那些抓壮丁抓来的士兵就逃跑了。部队首长害怕去上级开会，开会就可能被扣起来褫夺兵权。看重军权的老蒋最忌惮带兵将领，黄埔军校出身的第三党领袖邓演达抓来杀了，粤军首领李济深没杀却扣了，察哈尔抗战的吉鸿昌还被暗杀。你能扣别人，别人为何不能扣你？张学良和杨虎城于1936年12月12日发动西安事变，逼迫蒋介石抗日。

龙云这次肯去南京，还是出于国家大局。

1937年7月7日，日军在卢沟桥挑起事变，侵略华北。7月17日，蒋介石在庐山宣布对日抗战，同时召集最高国防会议。这是真正保卫国家的最高会议，全国各地那些听宣不听调的地方首脑，纷纷到中国首都南京开会了。龙云的专机从昆明起飞，经成都、西安转往南京。到达西安的龙云未免心动，西安离延安不远，延安现在是中共中央所在地，滇军袍泽朱德就在延安呢。

蒋鼎文上机慰问，请示龙云，有几个中共领导人也要去南京开会，能不能搭您的专机？

谁？

搭机人正是周恩来、朱德、叶剑英。

龙云第一次见到中共领袖周恩来，也在分别十五年后重逢朱德。飞机上，龙云和朱德促膝而谈。当年的讲武堂师生，在倒唐继尧和红军入滇时，两次对战，现在终于有了并肩的机会，真有谈不完的话。

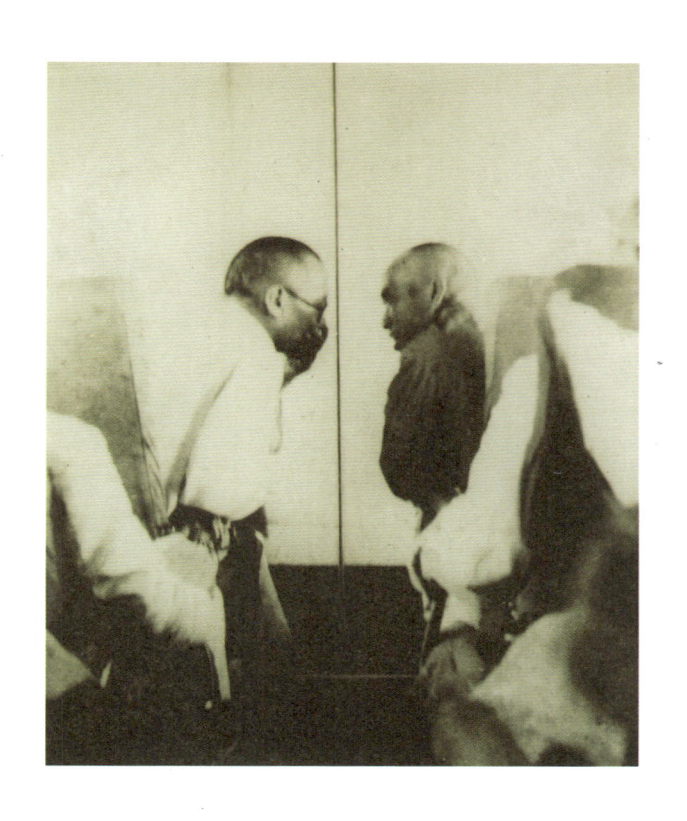

朱德与龙云

蒋介石最忌惮的，也是朱德和龙云。红军和国民党拼杀了十年，现在真的能够化干戈为玉帛？云南离华北战场最远，龙云舍得拿出自己的看家本钱？

出乎意料，共产党坦然宣布：红军接受改编，三个师全部上战场杀敌！龙云也答应云南出两个军，全部装备给养仍由云南供给。保家卫国，所有的中国军人都站到同一个战壕里！

南京会议间隙，龙云参拜中山陵，特地邀约两个讲武堂同袍，八路军总司令朱德和参谋长叶剑英。中山陵树木葱郁，空寂宁静，朱德和龙云交换密码，八路军和滇军从此直通秘密电信。

## 响亮的军歌

重阳节这天，昆明城沸腾了，男女老幼倾城而出，到巫家坝机场相送云南子弟兵。

云南省抽调地方精锐12个团，组成6旅3师的一个整军，配备先进的武器，4万人马齐装满员，编制为国民革命军第60军。

距离抗日前线最远的滇军，没有忘记保家卫国的宗旨。滇军历史上多次出省作战，说不出口的是同外省军阀争地盘，最光荣的是护国护法，可打来打去总是中国人打中国人。唱了多少年的保家卫国，只见保家不见卫国，唯有这次是抵抗外国侵略军，终于可以实现保家卫国的强军梦！

60军浩浩荡荡光荣出征！沿路万千百姓夹道欢送，老大妈抢着往军人兜塞钱。这场面，滇军官兵从未经见，前所未有地光荣！

滇军保家卫国的光荣传统，在全民抗战中充分释放。昆明的女学生，不管是大户小姐还是小家碧玉，纷纷要求上战场。女子不宜从军，女学生们就组成战地服务团，自己筹集经费，自己做军服，搭乘上前线送云南白药的卡车，追赶云南子弟兵！

武汉，60军正在示威游行。

南京失守，战事危急，为了鼓舞士气激扬民心，总部特命60军全军出动，在武汉城里武装大游行。60军官兵头戴法式钢盔，肩扛比利时造马克沁重机枪，军容严整。面对这云南人民吐出血本武装的子弟兵，蒋介石的嫡系大将杜聿明感叹：中央军同这支云南军比起来，军容似有逊色。

60军的军威振奋人心，一首军歌唱响大武汉。这首60军的军歌，由两个共产党人创作，安娥作词，冼星海作曲！滇军不缺歌曲，那全国传唱的《义勇军进行曲》，作曲家聂耳就是云南人，那词作者田汉就是安娥的丈夫。

七十多年后，九十多岁的赵凤稚，当年的服务团女兵，还能响亮地唱起这首军歌：

我们来自云南起义伟大的地方，

龙云为出征抗日的60军送行

走遍了崇山峻岭,

到了抗日的战场。

弟兄们,用血肉争取民族的解放,

发扬我们护国靖国的荣光。

不能让敌人横行在我们的国土,

不能让敌机在我们的领空翱翔。

云南是六十军的故乡,

六十军是保卫中华的武装!

云南是六十军的故乡,

六十军是保卫中华的武装!

此刻的武汉,正是中国的战时首都,国民政府搬到这里,共产党的八路军办事处也在这里。正是国共合作的蜜月期,共产党的叶剑英和罗炳辉主动到60军拜会卢汉军长。周恩来的夫人邓颖超亲自上门,给60军战地服务团的女兵上课教歌。

当年找不到红军的张冲,这次有了机会。

组建60军,张冲被任命为184师的师长。师长上任,先找共产党。张冲从监狱中要出共产党人张致中,任用为师政治部主任。一到武汉,张冲就托张致中去找共产党。张致中通过云南党员黄洛峰,找到八办的罗炳辉。张冲秘密会见罗炳辉,又见到八路军参谋长叶剑英。

张冲要求把184师并入八路军，要求加入共产党，还向共产党要政治工作干部。中国军队与日军交战，屡战屡败。为何是八路军首先取得平型关大捷？张冲认为，还是共产党会搞军队建设。张冲预计，这次上前线打的是前所未有的恶战，必须做好充分的准备，包括向共产党学习建军。由于国共两党有协议互相不挖墙脚，延安没有同意张冲加入八路军和共产党，但立即从延安派来周时英等人，和武汉八办的薛子正一起加入184师，加上部队原有的杨重等人，60军就有了12个共产党员。这让张冲感叹，共产党的军队比国民党少，可人家可以全国调配干部，这一点国民党可做不到。

去找共产党的云南人还有不少。和顺古镇李姓大户的子弟艾思奇，云南少有的哲学人才，去了延安。滇军宿将朱旭的侄子朱家璧，黄埔军校毕业的军官，又去延安上抗日军政大学。当年，思想进步的朱旭邀请云南共产党领导人李鑫在自己的部队当师政治部主任，朱家璧亲眼看到共产党人的风采，又亲眼看到李鑫被国民党当众残杀！朱家璧心中钦佩这些英勇的共产党人，在红军入滇时就打算带领部队投红军，可惜没有抓住机会。这下好了，国共再次合作，朱家璧索性从部队开小差，私自跑去延安。那宣威火腿大王的浦家姐妹，也去了延安，还接受边区保安处的情报训练，准备潜伏敌后侦察！这个云南女生，就是邓小平的夫人卓琳。

战歌声中，60军开赴战场。

卢汉军长还是不肯带上女兵。战争不能让女人走开！战地服务团的12个女兵，悄悄扒车追赶部队……

## 坚守禹王山

60军赶赴前线的时候，正是台儿庄战役的第二阶段。

台儿庄，位于陇海和津浦两条铁路的交会处，背靠大运河，正是苏北大平原的防御要点。日军一旦突破台儿庄，就能长驱直下徐州。

台儿庄战役的第一阶段，中国军队取得开战以来少有的大捷，不但顶住日军的进攻，还消灭了许多敌人。这时候，中方统帅大意轻敌。吃了大亏的日军却调来大批增援部队，坂垣、矶谷两个师团五千多人，在飞机、大炮的掩护下，以坦克开路，展开猛烈进攻。

就在这紧要时刻，60军奉命增援。

部队分别在台儿庄附近各站下火车，下车的部队尚未集结，迎头打来炮火！

原来，中央军汤恩伯和东北军于学忠见敌军强势，不等向滇军移交防地就撤了，防御阵线留下巨大的缺口。

增援接防变成堵缺口，当先的潘朔端立即组织全团进攻，抢占陈官房村。

中日两军，都向小村搜索前进，一场遭遇战突然爆发！日军预先有准备，五千多人在20辆坦克的掩护下向小村扑来。滇军从来没有见过坦克，子弹打不穿，钢镐刨不动。一阵下来，尹国华营打得只剩一个士兵，郑祖志营只剩23人，副团长黄云龙牺牲，团长潘朔端重伤，裹伤指挥战斗。

上阵亲兄弟，打仗父子兵。滇军作战十分团结，遭遇突袭的183师刚刚撤下来，182师立即顶上去。1078团团长董文英战前写下遗嘱，亲自抬着机枪反攻，在拼刺刀中英勇牺牲。1080团团长龙云阶率部坚守辛庄，最后用手枪与敌搏杀，被日军刺刀刺翻。1082团团长严家训在阵地被炮弹击中牺牲，他是60军中唯一挂少将军衔的团长，战前坚决要求随60军出征，奔赴抗日前线。1083团团长莫肇衡负伤后，用自己的鲜血在路旁的石头上写下"出师未捷身先死"七个血字，壮烈殉国。

仓促上阵，损失惨重。在这种时刻，部队一旦动摇，后果不堪设想。60军出征前，龙云向卢汉口授密令："不惜牺牲，图立大功。"现在到了牺牲时刻，军长卢汉下令："不准撤退！"

大运河桥头，军特务营营长陇耀提着手枪把守。

旅长陈钟书裹着绷带退下来，陇耀拦路："旅长，对不起，军长下了死命令，不管谁过桥都枪毙！"

陈钟书毫无怨言，带队返回。随后传来消息，陈钟书身先士卒，在肉搏战中牺牲。

台儿庄恶战，滇军损失惨重，182师和183师，都只剩一个团的兵力了。但是，日军突袭的缺口还是被60军死死堵住，中国军队赢得在台儿庄布防的时间。

接下来的战斗，卢汉只能倚重张冲了。另外两个师都快打光了，可张冲的184师居然还保留着完整的建制。

张冲是滇军的"智多星"！滇军将领大多出于云南讲武堂，讲武堂总是聘请日本教官，所以，日军打滇军，就有老师打学生的优势。可张冲没有上过讲武堂，张冲是绿林好汉出身，没有套上日军战术的框框。

战况危急，183师师长安恩溥果决地说："我怕罪，不怕死！"

张冲却说："我还是想活。"

安恩溥后来也承认，还是张冲说得对。敢死的士兵是个好兵，想活的将军才能取胜。

兵抵台儿庄，张冲给昆明的红颜知己写信："快来，卖田卖地也来！"此战危险，抓紧见亲人的最后机会。

张冲接过台儿庄的防御任务，没有照以前的部队那样，把重兵放在城内。附近有个制高点禹王山，俯瞰台儿庄附近的所有阵地，正是防御要点。可惜，那易守难攻的禹王山已由日军占领，日军还想从这里攻击台儿庄呢！

1086团连长李佐奉命攻山。李佐带领一个连进攻,攻下山头后,286人只剩30多人。换兵不换将,从1085团支援一个整连过来。七天战斗,排长全部阵亡,士兵只剩30多人。再补充一个新兵连,打了四天,又伤亡90多人,山头上只剩40多人。来不及修复工事,就用烈士的遗体做依托阻击日军。禹王山连续打了18天,军主力撤过运河休整,李佐这个连还在山头固守。

三个连打光,李佐毫发无伤。同袍都说李佐是福将,你看他的面相,下巴往前翘。其实是李佐的战术动作好,工事挖得深。

防守禹王山。张冲做出精心部署。一般的防御战术,都是沿着山岭的正面,在棱线或腰线构筑工事。张冲见日军正面炮火猛烈,创出奇招。除了正面防御以外,把主要兵力放在反斜面,构成侧射火力。日军进攻,就陷入防御口袋,三面火力夹击。

兵凶战危,张冲打仗一点儿不敢大意。战前在武汉,张冲找共产党要建军干部,同时也请教德国教官打坦克,德军用坦克比日军还早啊。德国军官说:"你们可以使用反坦克炮,远距离打击。"张冲回答:"我军没有配备反坦克炮。"德国军官又说:"那就埋设反坦克地雷,把坦克放进阵前炸毁。"张冲回答:"我军没有配备反坦克地雷。"德国军官冷然讥笑:"那你们就等着被坦克碾碎吧!"

张冲才不甘心送死,找到一张坦克图纸和部下探讨。这坦克像不像我们家乡的水车?都有一圈履带,履带一断,水车就空转。那么，我们也可以炸断坦克的履带！

接下来的实战，就是这么打的。别的部队对坦克陌生，可184师不怵坦克。用竹竿绑上手榴弹，伸进坦克的履带，坦克被炸停，爬上去揭开王八盖子，往里扔手榴弹！

云南多山，滇军本来就擅长山地作战。防守禹王山，张冲部署：第一道防线，曾泽生团防守正北，杨洪元团扼守东北，其李佐连固守禹王山头。日军突破第一道防线，张冲指挥炮火覆盖，把突入敌军歼灭在阵内。日军窃听守军电话，张冲有"风语者"，通信兵用白族话联络，日本翻译也听不懂。日军化装偷袭，张冲组织敢死队反击，把打上来的敌兵再打下去。

禹王山防御战一直打了19天，滇军还是死战不退！

曾泽生下山开会，日军乘夜突袭攻上山头。曾泽生急忙赶回阵地，团长端起机枪，率领士兵反冲锋！

战况激烈，张冲的外甥，何起龙营长牺牲了。张冲的侄子，特务连班长张镇东牺牲了。张冲的贴身警卫员也被打死了。张冲所部还是坚守在禹王山上。坚守阵地的士兵经常回头寻找师长的身影，只要师长在，士兵就有信心。

师长张冲不但勇敢，而且机智。禹王山位置紧要，上级给60军调来一个榴弹炮团。543旅旅长万保邦在日本士官学校学过炮兵，临时担任这个炮兵团的团长。张冲从炮镜看到，山下几个村庄的日军车辆，进村冒着黄烟开得艰难，出村时候却非常轻

81

快。张冲判断，敌人正向这些村庄集结兵力，准备对禹王山发动更大进攻！按照张冲的部署，第二天早上，那几个村子刚刚冒烟开饭，炮兵团的几千发炮弹就全部覆盖！日军的进攻部队大部损失，禹王山前线从此消停二十几天。

日军恼了，这是什么部队？

南蛮兵！日军怕了这支死战不退的南蛮兵，就连滇军随身携带的水烟筒，也被误认为是小炮。听说，南蛮兵每人有一瓶叫作白药的神药，负伤吃了就止血！

禹王山战斗，60军打退日军上百次进攻，

这支善打山地防御战的部队，长春起义后成为解放军的第50军，在朝鲜汉江南岸防御战中又打出了威风，还创造了两个步兵营歼灭一个坦克营的最佳打坦克战绩。

台儿庄战役的第二阶段，由于滇军的死战不退，最终还是取得了胜利。但是，60军却付出惨重的牺牲。参战35123人，伤亡18844人。伤亡过半，这种胜利，只能称为"惨胜"。

惨胜也是胜！

抗日战争，就是中华民族的生死存亡之战。只要民族不灭亡，再大的牺牲也得承受，也能承受，也乐意承受。

台儿庄战役打出中国军队的威风，也让全国人民看到强军的希望。作战期间，战地服务团、各地的慰问团，始终伴随部队，慰问伤员，歌唱鼓动，还拍了电影。

服务团的女兵勇敢地冲到战壕，拿着鲜花送给伤兵。没想到战士不接！在行伍中，受伤叫作挂花，送花不吉利啊。

无论如何，滇军官兵还是感到这一仗打得光荣，打得值得。更多的云南青年积极投军，回族将军白崇禧到云南动员，马洪亮等两百多回族青年立即报名参军。

关于台儿庄战役的记载，以往大多是中国军队作战大捷的第一阶段，第二阶段滇军的防御表现较少。2015年纪念抗战胜利70周年，山东台儿庄纪念馆特地增加战役第二阶段滇军作战的内容；江苏也在禹王山竖立纪念碑建立纪念馆。当年鏖战禹王山的60军子弟数十人，结伴瞻拜战地。

60军是保卫中华的武装！

### 惨胜之后的困惑

失败不必回避，60军最后还是遭遇败退的命运。

日军进攻在台儿庄受阻，转兵大迂回，以两路钳形攻势直趋徐州。驻扎徐州的中国军队战区总部受到威胁，急令60军撤出台儿庄转防徐州，掩护总部和二十万大军撤离。

卢汉率军进入徐州的时候，发现徐州已经成了一座空城，不待60军掩护，友军早已弃城而逃。那我来防守徐州做什么？

这台儿庄战役，滇军吃了很大的亏。战前没人向你介绍真实敌情，战中你拼命别人作壁上观，这战后又过河拆桥！也许，那些过去内战的对手，打算借刀杀人？

卢汉顾不得想那么多，不管别人怎么做，日军是敌军，友军还是中国军队，我滇军总要敌我分明。卢汉立即布置部队作战，防守徐州，掩护友军撤退。好不容易在郊外找到孙连仲司令，孙司令也说不出坚守徐州的必要性，只得同意60军也撤退。

撤退？作战中最危险的就是撤退，殿后的部队很容易被追击的敌军割掉尾巴。60军的部队快打光了，只剩个184师还算完整，张冲让万保邦带3个团开路，保护军部突围。自己带两个团后卫，掩护全军。

殿后的张冲，沿路碰到撤退的大部队，于学忠的东北军、张自忠的西北军、孙震的川军、廖磊的桂系、李仙洲的中央军，各军挤在一路混乱不堪，有时还互相误会持械对打。张冲尽力保持部队建制，还顺便收留了两个来自中央军的重炮兵营。前方日军阻截，张冲指挥炮兵抵近射击，从炮管里直接瞄准，发炮就打掉日军的堡垒。

且战且退，再也没有集结号响起，张冲身边只剩几个人了，还碰上中央军抢劫百姓。张冲拔出手枪就把那领头军官毙了，那部队就要火并张冲。警卫以身相护头部中弹，保护张冲离开。

张冲最后还是收拢了部队，和军长卢汉会合。这一路全靠乡情亲戚，官兵互助，滇军最终还是全身而退。60军抵达湖北麻

## 第三章　60军血战台儿庄

城，整编残部，12个团只剩5个，3个师缩编为1个，全部编入184师。张冲任师长，曾泽生是主力团团长。

一支部队打掉三分之一就是严重减员，可60军一战打掉三分之二！按照军事规范，这意味这支部队失去了战斗力。可60军还是浴火重生！

滇军的精锐部队打出了军威。1938年10月17日的《云南日报》有篇报道："日军对中国军队最讨厌的就是两个部分：八路军和滇军。"中国军队的最高统帅蒋介石三次通电嘉奖60军，出省抗日的滇军扩编3个军，60军之外，再增加58军和93军。

龙云带着家乡的支援来到武汉，给60军补齐兵员，补足给养。抗日战争期间，云南省先后贡献3个军的兵力，从本地征召士兵60万人，供应军粮80万吨。

60军三个师，一个师长大意轻敌，一个师长莽撞拼命，只有张冲打得最好。战后调整，破格提拔张冲为军长，这中央军的新三军番号，继承原来出省滇军大名鼎鼎的第三军。战地喜事，张冲和云南赶来的惠国芳，就在作战的间隙举行婚礼。

保家卫国最光荣！云南省政府特批昆明郊区麻园的一块地皮，给滇军将校盖公寓。滇军的五个功臣曾泽生等，有了五栋小楼。潘朔端家贫，此前妻子一直租房居住，从此在省府有了固定的住房。现在，这个渗透云南建筑风格的西式建筑群，变成地方风味餐厅。潘朔端的侄子潘岳，清明拜祭家族的抗战英雄，回城就到这里就餐，每年必来。

滇军的山地防御得到国军公认，武汉保卫战的撤退阶段，山地抗击的任务就由第一集团军担任。集团军军长卢汉患病，全军暂由新三军军长指挥，可张冲镇不住60军军长安恩溥和58军军长李弥，人家才是讲武堂毕业的滇军正牌。三军并肩防御，可冲向阵地的不是敌军而是溃逃的友军，不能拦也不能打。

防御阵地正在混乱，敌军的炮火铺天盖地而来。新编的部队尚未适应作战，整个战线顾此失彼。崇阳战败，舆论纷纷谴责。总结作战，张冲成了替罪羊。张冲在滇军中，其实被视为杂牌。杂牌比正牌打得好，未免有人忌妒。

军统特务拿出张冲在武汉密会罗炳辉的照片，部下也揭发张冲通共！张冲的军长职务被撤掉了，失去保护的共产党组织只得分散安置，暂停活动。

举国抗战，各种军队应该精诚团结，协同作战。可是，老蒋治军并不公平。

台儿庄首战打出威风，第一个受重伤的团长潘朔端，伤愈后被提拔为183师的师长。可是，潘师长到职后竟然被扣押！183师正有个来自中央军的副师长李文彬，图谋把183师拉出滇军投入中央军系列。于是，潘朔端没当成师长也没了团长，功臣变成闲臣，编遣回乡。

比潘朔端更惨的是张冲，英雄变成罪人。蒋介石要把张冲军法从事，多亏龙云和卢汉保护，张冲才免于追究，撤职回乡。

战将闲居，有了时间回看战争经历。外敌入侵，中国各种军队第一次团结起来，联合作战。这是一个前所未有的强军进程啊！但是，联合并不等于统一。勇于内斗，怯于外敌，各保实力，以邻为壑，这些旧军队的积习，还是导致对外作战失利，还是阻断了中国军人的强军梦想。

张冲还是羡慕共产党的军队，从红军到八路军和新四军，人家那里打仗总是同仇敌忾！

## 并肩抗敌的启示

国共合作抗战，两种军队也要合作，合作中就发现——各有特长。

山西的抗日军队编成第二战区，司令长官是晋绥军统帅阎锡山，副司令长官是八路军司令朱德，朱德属下有个老袍泽，中央军第三军军长唐淮源。想当年，两人一起在滇军反唐继尧，失败后又同路逃出云南，堪称患难之交。

两党两军达成协议，国民党部队正面阻击敌军，八路军部队侧面游击。这种分工符合两支军队的特点。共产党领导的部队向来居于弱势，打游击起家，作战灵活机动。平型关伏击战，出其不意，攻其不备。百团大战破袭战，到处开花，敌军防不胜防。

国军部队惯于阵地作战，宿营先修工事，进攻步炮协同，就是撤退也有机枪压阵。滇军底子的老三军奉命把守中条山，防得日军三年不能前进一步。

可是三年下来，朱德的游击战越打越精，唐淮源的阵地却终于被日军攻破。日军不会打游击，打游击必须有群众支持；可侵略军却擅长攻击阵地，日军的飞机大炮毕竟比中国军队多得多。

丢失阵地不丢军人荣誉，唐将军举枪自尽。

乞丐不能与龙王比宝，同日军死打硬拼吃了亏的国军，也开始考虑另行一套战法，"你打你的，我打我的"。南岳衡山举办游击干部训练班，蒋介石请八路军参谋长叶剑英给国军将领讲课。禹王山英雄李佐荣幸地参加了这次培训，感到叶剑英教官待人亲切，八路军没有杂牌正牌之分。

滇军本来就擅长山地作战，转向游击战并不困难。新四军的副军长罗炳辉也是滇军出身起义参加红军，这时又发明了梅花战术。部队按梅花形态分组配置，敌攻我一处我有四处反包围。第58军军长孙渡就近学习新四军的战法，在江西打游击颇有所得。

举国抗战，云南责无旁贷，出兵出钱出粮，滇军出省作战越来越多。到了1940年底，60军又收回云南。日军从越南海防登陆，北上攻占河内，逼近中国云南边境！三年抗敌，云南都是大后方，现在云南也成了前线。龙云向中央申请调回60军，驻守滇南边境。

就在此时，东北抗日联军的周保中也率队转移，从中国东北撤到国境对面的苏联。滇军抗战三年，可滇军同袍周保中抗日已经9年，东北抗战比全国早六年，从1931年九一八开始！东北抗日民主联军第2路军，三个首长有两个是云南讲武堂出身，总指挥周保中和参谋长崔庸健，崔庸健还是个外国人。抗联队伍中朝鲜人很多，其中就有金日成。从云南到东北，滇军将领中走得最远打得最久的，还属共产党的周保中。

举国抗战，必须走出地域圈子。出省的滇军统统纳入国军系列，中央军开进云南驻防滇西。举国抗战，必须超越党派成见。日军逼近滇南，朱德立即给龙云发电报支持抵抗，谁也不提当年那些党同伐异的往事。

中国的军队，各种各样的军队，曾经内战的军队，被一个强大的敌人逼进同一个战壕。同甘苦，共患难，同袍战友，生死与共。

只是，大家虽然并肩作战，但军队内部制度不同，战法特长不同。这又要互相学习。

## 筑垒南疆

一条长龙纵贯大地，见山翻山，见水跨水。这个宏大的工程，就是中缅油气管道。有了这个能源输送渠道，那狭窄的马六甲海峡，就不再能卡住中国的咽喉。这是21世纪云南对国家的又一大贡献。

其实，在抗日战争期间，云南就决定着中国的交通安全。中国首都南京被日军侵占，国民政府不得不迁都重庆。重庆成了全国抗战的大后方，云南是大后方的后方。日军封锁中国东南沿海，卡住外国物资运往重庆的主要通道，于是，滇缅通道，就成了中国政府获得国际援助的唯一途径。

这样，云南就成了中国的国际交通第一线。中印公路，美国志愿空军飞虎队，都从云南过境，云南是大后方的唯一出境通道，战略地位陡然上升。

所有的政治力量都瞄准云南。国民党副总裁汪精卫逃出重庆投降日本，从云南过境。日本特务以吴三桂那样的西南王相许，诱降地方实力派。美国政客则期望云南独立坚持，华莱士向龙云建议搞一个南诏共和国。八路军总司令朱德从延安致信龙云，鼓励云南坚持团结抗日。

云南省政府主席龙云表态了，昆明召开讨汪大会，谴责汉奸投降行为。日本急了，大军进占河内，直逼滇南，企图抄中国的后路。

后方变前方，云南这个大后方的后方，立即成为中国的战略防御第一线。1940年9月，滇军主力60军调回云南，驻防滇南。朱德致信云南讲武堂的老师李根源，建议家乡军民合作抗战。已经退休的李根源再次出山，奋起呼吁，云南出现全民抵抗的热潮。

家贫思故妻，国破思良将。解甲归田的张冲被起用，组织滇南防御。疗伤休养的潘朔端被紧急征调，参与滇西防御。第二路军司令张冲，禹王山防御的英雄，这次对滇南防御有了新的设计。学习借鉴共产党的人民战争，张冲在滇南也搞民族防御。动员滇南的少数民族土司，组织民族武装，军民联防。滇南的少数民族大多是跨境居住，边境对面的日军稍有动作，跨境居民就回云南报告。

就在60军返回滇南防御的同时，1940年9月，延安的朱家璧也接受了返回云南的任务。毕业于黄埔军校的云南青年朱家璧跑到延安上抗大，胡耀邦政委上课时说："要革命，就要了解革命的对象，要了解中国半封建半殖民地的社会性质，懂得党的政策策略。"朱家璧始终不忘自己的革命目标还有家乡，几个同乡反复商议，向中央提出关于云南工作的报告。中央组织部部长陈云找朱家璧谈话，对于朱家璧在滇军上层的世家关系，陈云认为是好事，可以利用这些关系为党工作。朱家璧到了重庆，周恩来面授机宜，还给朱家璧120元钱，慰问云南地下党烈士王德三、李鑫的家人。

回到云南，朱家璧如鱼得水，通过黄埔军校同学龙泽汇，找到滇军主将卢浚泉。卢浚泉听说朱家璧从延安回来，非但没有忌讳，反而拉朱家璧到自己的部队任职。防御滇南，正要学习延安的治军之策！

踏访蒙自新安所的文昌宫，在这个当年的60军军部，可以发现当年立下的石碑。碑文表明60军是抗日劲旅，碑文表明滇南军民合作共建边防。

滇南防御还有国际支援。滇南有个著名的团山民居，这座庙宇的神像是刘备、关羽、张飞和诸葛亮。有趣的是，这神像旁边还有现代壁画。这是滇南防御期间，军事训练的说明图画。一些英文字母又表明，这里曾有美国教官上课。

滇军向来重视炮兵，抗战以来，龙云一直加强炮兵建设，把赵国璋等炮兵精英送到成都深造。昆明干海子有个中美合作的炮兵训练基地，美军提供全部新式火炮，美国军官当老师。滇军山炮营操炮、观测、通信、实弹射击，全部美式流程。副营长杨协中十分自信："美国老师比日本老师厉害！"这个杨协中在长春起义后成为解放军的炮兵营长，在朝鲜战争中下令："向老师开炮！"

合作铸就长城！国共合作，军民合作，各民族合作，国际合作，抗日战争中的滇南防御卓有成效。慑于60军台儿庄血战的声威，日军不敢越雷池一步。张冲的儿子乌谷强调说："这是抗日战争期间，一次成功的防御。"

滇南防御严密，日军转向滇西。

高黎贡山，怒江，最险峻的山和最湍急的河组成怒江大峡谷，滇西天险。能够跨越这道天险的，唯有一座摇摇晃晃的钢索桥——惠通桥。1942年5月5日，防守惠通桥的宪兵队长张祖武发现，通过桥梁的难民行为异样，身上似乎密藏武器，张祖武果断下令爆破！

已经踏上惠通桥的日军便衣特工队，同桥梁一起坠入怒江，日军偷袭滇西的阴谋险些成功！

从此，开始了长达三年的怒江保卫战。

在抗日战争期间，云南始终是中国大后方的主要的对外通道。美国将军史迪威指挥修筑滇缅公路，组织中国远征军从云南出征缅甸……

从滇南到滇西，云南军民团结御敌，有效地保证了大后方的安全。

60军中的共产党组织，虽然停止发展党员，但仍有10名党员以合法的身份活动。支部书记杨重任184师工兵营副营长，张士明任第二路军指挥部特务营营长，叶剑英派来的方正还当了特务营的军需官，联系58军的杨守沫。这样，中共就在滇军中形成一个精干而完整的秘密网络。

这天晚上，带队外出的杨重，在返回途中被同志王立中拦住——上级下令抓姓杨的共产党员！原来，一个从新四军调来的地下交通在江西被捕，拷打下承认60军有共产党员潜伏，"段佐、李明，还有一个姓杨一个姓张"！

184师副师长兼政治部主任曾泽生,负责追查这几个共产党员。可是,184师只有李佐和段明,没有段佐和李明。姓杨的倒是有两个,杨重和杨永新。

曾泽生左看右看,这几人个个都是滇军的老人了,怎么能是共产党呢?杨重倒是有些激烈言论,那是标榜自己进步,冒充共产党吧?人家共产党是那么好入的?连新四军的叶挺军长都不是党员,我60军谁有这个资格?这顶红帽子,怕是上面有人要整我滇军罢了。

副师长不相信部下是共产党,负责侦查共产党的特派员也不认真,这特派员与杨重吃吃喝喝,还成了朋友。师长王保邦丢出一句:"不管他哪党哪派,听我的话就行!"那杨重正是师长的红人,还帮助师长倒腾买卖呢。曾泽生乐得消停,向上报告查无其人。

就这样,60军在抗日战争中的"清党"危机,平安度过。

其实,同重庆周恩来联络的秘密电台,就掩护在184师特务营里面。一批在社会上难以隐身的共产党员和进步青年,也进入60军的战地服务团。其实,曾泽生和潘朔端的妻子都是进步青年,在抗战初期就谋划去延安。待到1948年长春起义,这个曾经放弃清党的曾泽生,从国军60军的军长,变成解放军50军的军长。

云南,成为中国抗日战争的重要前线。云南,也成为中国的民主堡垒。

1943年底,中国远征军在云南组建,中国陆军和美国第14航空队联合作战,跨过怒江,收复腾冲。腾冲经历失守和夺回这两次战火,已成一片焦土,龙云的铜像,也被炸掉头颅。云南百姓说:这是不怕牺牲的断头将军!

断头将军苦心经营,就在战争的艰苦环境中,云南各方面的建设迅速发展。西南联合大学迁到云南,昆明成为中国文化重心。龙云还秘密参加中国民主同盟,向张澜主席提供大量资助。

国民党、共产党、民主党派,三股力量在云南合作建设,终于迎来滇西大反攻。血战松山,云南籍军长李弥率队夺回日军坚守的战略要地。全国抗战,云南率先反攻。中国陆军总部迁到云南,何应钦总司令、龙云副总司令、肖毅肃参谋长,三个首长都出自云南讲武堂。

军人为战争而生,军队在战争中成长。抗日战争期间,滇军经历诸多历练,不仅进入中央军系列,而且与共产党军队并肩作战,与美国军队合作训练。

改善装备,学习民主建军,滇军正在走向强军路途。

日益强盛的滇军,终于迎来日本投降。

这时,滇军又接受了一项无比光荣的使命——出国受降!

# 第四章 中国军队出国受降

☆

战争是灾难,也是机遇。

抗日战争,中国近代以来第一次取得反侵略战争的胜利,民族觉醒,团结御侮,国之为国。

抗日战争胜利后呢?现代中国第一次赢得世界大国的地位,却很快陷入内战,退出国际竞争。

是谁错过了历史机遇?

**谁能摘得胜利之桃?**

1945年8月10日,日本发出乞降照会。

日本即将投降，沦陷区即将出现政权空白。国民党部队大多远在后方，鞭长莫及；而共产党领导的八路军、新四军始终处于抗战前线，唾手可得。当晚，八路军总司令朱德就在延安下令，要求各地部队向日伪军加紧进攻，接受投降，接收城镇。

8月11日，重庆发出三道命令。蒋介石要求国军积极推进，命令沦陷区地下军维持治安，命令共产党领导的第十八集团军原地驻防待命。蒋委员长着急啊，自己的部队龟缩西南和西北，距离东部的大中城市太远！必须按住共产党的军队不准动，赶紧抢运中央军去争地盘。

同日，延安总部连发六道命令，占领一切可能与必须占领的大小城市和交通要道，还要求冀热辽部队向东北开进！形势好啊，华北和华中的大中城市和交通要道，都在八路军和新四军的包围之中，抬脚就能进城。距离东北最近的也是八路军，中国军队有权从苏军手里接收中国领土。

中共中央派遣中央社会部的李士英带着电台去绥蒙边境，与苏联秘密联络，期望取得苏方的支持，抢先接管东北。但是，苏方顾虑与国民党政府的关系，态度冷淡。毛泽东听取李士英汇报后感叹："他们不相信我们中国共产党会取得胜利，最后解放全中国，这是不相信中国革命的力量啊！"

日本华中派遣军面临失败，秘密向新四军提出谈判要求。中共中央同意接触，并确定了虚与周旋，争取时间，做好大反攻准

中国军民修筑滇缅公路

## 第四章 中国军队出国受降

备的谈判方针。新四军组织部部长曾山奉命作为新四军谈判代表，与日军代表进行秘密谈判。

共产党在华北成功地接管了大城市张家口，按照中央的命令，接着要准备接管北平和天津。

华东的接管任务是上海和南京。8月12日，新四军发布命令，任命刘长胜为上海特别市市长，张执一为副市长。新四军情报科长王征明带领小分队，掩护张执一潜入上海，部署武装起义。8月19日，华中局向中央报告上海武装起义计划，第二天8月20日，中共中央批准上海武装起义计划。

刚过一天，8月21日中央又致电华中，取消上海起义计划！上海的敌伪力量较大，蒋介石已委任上海官吏并紧急空运。在这种情况下，新四军浙东主力贸然进城有被消灭的危险。8月22日，中共中央和中央军委改变占领大城市的方针，以免撕破国共关系。

这些日子，中国的政局分外紧张。国共两党争夺地盘，社会舆论十分担忧，中间派民主人士纷纷呼吁两党和平谈判。

蒋介石也很高明。8月14日，重庆致电延安，蒋介石邀请毛泽东去重庆谈判。和平之球踢给延安。来，你就成为鸿门宴上的顶级人质；不来，你就是破坏和平的罪魁祸首。

8月28日，毛泽东、周恩来、王若飞，在美国大使赫尔利、军委政治部部长张治中的陪同下，乘坐飞机到达重庆！

赫尔利马不停蹄立即飞昆明，拉云南省主席龙云来重庆，说是充当谈判的第三方。

举国抗战，中央军名正言顺地开进各地军阀的地盘，到抗战胜利时，全国只剩两块地方蒋委员长还不能完全说了算。西北的陕甘宁边区，始终在共产党的领导之下，蒋介石在内部说延安是心腹之患。西南还有个云南省，从人事到财政到驻军，都由地方政府决定。那龙云治理的云南号称"民主堡垒"，也让蒋介石不爽。

一个重庆谈判，蒋介石就能把毛泽东和龙云都抓到手里，两块地方一下解决！

可惜，共产党的毛泽东到了重庆，同为国民党的龙云却不肯离开昆明。龙云也有理由，我是国府任命的省主席，不是谈判的第三方，我的使命是建设家乡。

不管龙云来不来，重庆谈判还是开始了，这让全国民众看到了希望。抗日战争已经打了十四年，谁不期盼和平建国？

延安的中央党校，这些日子整天都在辩论。有人说，这个日子象征从战争向和平的转折，中国的和平民主新阶段就要到来了。有人说，这个日子象征从民族战争向阶级战争的转折，中国的解放战争就要到来了。两派争得激烈，但有个共同点，那就是：中国前途的转折时期到来了，共产党同国民党的竞争即将开始。

8月28日毛泽东飞重庆，当日，刘少奇在延安送行首批赴东北干部："你们要赶快去抢！"9月14日，一架苏联飞机突然降临延安，先期进入东北的曾克林飞来向中央汇报。刘少奇主持讨论，当天就决定成立东北局，第二天东北局书记彭真和陈云就飞往东北！延安与重庆之间电报往来频繁，毛泽东和刘少奇在两地同步运作，默契合作。刘少奇提出"向北发展，向南防御"的战略方针，毛泽东和周恩来立即复电同意。

中共中央紧急调动数十万干部和军队大举出关，抢占东北！

在重庆接待毛泽东的蒋介石，也正盯着东北。东北是全中国最大的工业和矿业基地，谁能得到东北，谁就取得全国竞争的战略优势。

这架势，连美国人都看出来了。美国总统杜鲁门认为："事实上，蒋介石连占领华南都有极大的困难，要拿到华北，他就必须同共产党人达成协议，如果他不同共产党人及俄国人达成协议，他就休想进入东北。"

一手谈判和平，一手争夺东北。蒋介石向美国求援，用美国飞机和军舰，运送国民党部队去抢占东北。

战争胜利的果实，比王母娘娘的蟠桃还大还美。谁能摘得胜利之桃？

## 光荣之旅

虽然政治家已经宣布战争结束，但是，对于军队，军事任务尚未完成。百万日军还盘踞在中国，他们手中还有武器。

下一个任务是——受降。

举行仪式，接受日军部队的投降，接过受降地区的军事管制权。收缴日军武器，集中看管其人员。

按照波茨坦公告的国际受降安排：北纬16度线以北由中国受降。这个区域包括除东北以外的所有中国领土（含台湾和琉球），还包括日军侵占的越南北方。

中国战区的总司令蒋介石，不准八路军和新四军受降，派出自己的亲信大将，到中国各地受降。

8月21日，中国芷江，中国陆军参谋长肖毅肃中将，接受侵华日军最高司令官冈村宁次乞降使今井武夫中将的报告。三年前，肖毅肃带十几人从昆明赶到怒江，部署惠通桥防御，堵住日军进攻。三年后，当年嚣张的日军在肖毅肃面前低头弯腰！

1945年9月9日，中国首都南京，中央军校大礼堂，中国战区日军投降仪式。日本中国派遣军总司令冈村宁次大将，面对中国受降全权代表军政部部长兼总参谋长何应钦上将，深深鞠躬，呈交战刀。这是军队特有的仪式。交出佩刀，意味此军人及其部队，放下武器，接受对方处置。

中国军人庄严地接受日军的投降。

这是中国军队最光荣的时刻！

自1840年鸦片战争以来，中华民族第一次取得反侵略战争

## 第四章　中国军队出国受降

的胜利！

最引人瞩目的受降,还是台湾受降,自1895年《马关条约》以来,台湾已被日本侵占50年！近代中国,大片大片的领土被列强侵占,这是中国第一次收回自己的领土。

最神气的受降,要算出国受降。

龙云接到蒋介石的命令,滇军开赴越南受降！老蒋调不动龙云,却要调动龙云的军队。周恩来的代表华岗向龙云进言,要防备老蒋的调虎离山计。龙云的部下也建议,不要把滇军全部开到越南,要留下些部队看家。

可龙云没有接受。受降是国家大局,出省滇军已经在光荣受降了。

中国南昌,第58军军长鲁道源受降。中国九江,新三军军长杨宏光受降。杨宏光曾任60军旅长,在台儿庄与日军血战。

出国受降,那是更大的光荣。

越南与云南接壤,那越南以前是法国殖民地,法军多年威胁云南安全,现在正是雪耻的机会。入越受降,滇军行军距离最近,到境外肃清敌人也利于巩固云南边防。中央调动滇军,按说也是顺理成章。

龙云下令滇军出动,卢汉率领第一方面军出发,所部60军、93军。卢汉带走了滇军的全部主力,龙云还嫌不够,又要自己的大儿子龙绳武也出国,把守备省会昆明的一个师也带走。

107

出国受降，这是一个中国军人的无上光荣啊。

1945年9月8日晚，以云南将士为主力的20万中国大军在卢汉的统一部署和指挥下，分数路向越南北部挺进。60军各部就在中越边境驻防，距离越南最近，出国受降最为迅捷，也利于巩固云南边防。

多年的战争封锁了滇越边境，筑垒地带，林木丛生，部队开进还要披荆斩棘，用砍刀开路。刚进越南，那阵势就让滇军官兵吃了一惊。日本军人在道路两边列队，几十个号兵吹得震天响。60军在公路中央开进，迎面来了个日本军官，拔出军刀朝天一举，紧接着就是下砍——

士兵杨成章要开枪——那日本人要砍我的长官？

没想到，那军刀砍的是空气，原来这是日本的军礼，向贵宾致敬的敬刀礼。

滇军官兵心里这个痛快，日本人欺负我们多少年，现在该我中国军人神气了！

滇军开赴越南，依照盟军统帅部一号令：北纬16度线以北的法属印度支那地区，由中国军队受降。第93军驻扎河内地区，第60军驻扎顺化地区，第52军驻扎海防地区，第62军驻扎高平地区，第93军驻扎中国、越南、老挝交界地区。

中国军队的进驻，受到越南人民的热烈欢迎——解放者来了！

## 第四章　中国军队出国受降

沿路群众夹道欢呼，老华侨热泪盈眶："重睹汉官威仪！"

群众齐声高唱新编歌曲：《大哥！你好！》

1945年9月18日，越南河内，前法国驻印度支那总督府邸。中国国旗在广场上高高飘扬，并列的是美国、苏联、英国国旗。

受降大厅礼仪隆重。

上首，中国第一方面军总司令卢汉席位，

身旁是马锳、尹继勋正副参谋长。

左为盟军代表席，美英将领到场，没有法军代表。

右为高级将领席，中国驻军将领戎装冠带。

后为来宾席位，胡志明等越南临时政府要员现场观礼。

日本军官北向站立，日军第38军团指挥官土桥勇逸土中将等日军代表，呈交投降书和军人战刀。

受降完毕，卢汉下达第一号训令，取消日军第38军团番号。这支1900年曾侵略过中国的日军部队，从此必须接受中国军队第一方面军总司令卢汉指挥。

这一天，河内举行了隆重的庆祝游行。中国驻军将领和美、英盟军将领、胡志明等越南临时政府要员一同检阅、观礼。

光荣啊！这是中国军队第一次出国受降！

受降的对象是曾经强大的日本皇军，那日军曾是侵略中国的八国联军的主力部队，那日军曾经肆虐华夏大地。

中国军人从来没有这般神气，昂头挺胸走上街头，迎面的日军当即立正敬礼！

你还礼也行，不理他也行，你肩上有枪，他没有。日军的武器全部由中国军队收缴，军营门口站岗的日本士兵只能挂着个木棍子。没有枪的军人，连老百姓都不如，日军士兵一上街头就被越南百姓追着打。日军统统退入营房，营房门口有荷枪实弹的卫兵看守，这卫兵是咱中国军人！日军官兵未经允许不准走出营房，你让他出门他也不敢，老百姓恨得要打死日本鬼子。多少年过去，杨成章还记得当年的神气，指使日本兵干活，为我们中国军人修筑篮球场。叫你干你就得干，加班加点不睡觉也得干，限期完成！

陇耀师长率部接收海防，接到越盟领导人胡志明的宴会邀请。陇耀荣幸出席，还带上儿子陇涤湘。

陇涤湘开眼界啊！盛大的法式宴会，长长的餐桌。

陇耀纳闷：你们并没有必要这么客气嘛，我们都是兄弟。

胡志明笑道：你们给我们一点武器呀。

原来，胡志明的越盟虽然接管了越南北方的政权，成立了临时政府，但还是缺乏武器弹药。

龙云指示驻越滇军：日军的武器都转给越盟！

抗日战争期间，越盟一直和中国军队并肩抗敌，胡志明和龙云交情很好。中国对越南没有领土野心，愿意支持越南和平建国。

中国军队越南受降仪式

当时，侵占越南的日军向中国受降军队交出了一切武器弹药、战略物资、器材。这些日军武器，多数已经落后于60军的装备。

越南的国都在顺化，游览王宫，就成了驻扎顺化的暂编23师官兵的旅游项目。越南国王保大，用自己的意大利豪华跑车，交换潘朔端师长的4支卡宾枪。这交易似乎不等值。这时分保命第一，好枪比豪车重要。这时分有枪重要，国王也要靠军队保护。曾泽生师长也弄了辆好车，一辆来自前法国将军的高级轿车。这两兄弟都爱车，当年曾经流落上海修理汽车的小工，如今成了驾驶豪车的大将军！

出国受降，扬眉吐气，滇军的荣耀登上巅峰。那永远永远的强军梦想，似乎正在实现。

## 内战第一枪

正在滇军高兴的时候，蒋介石却要对滇军的家乡下手了。

抗战胜利的总司令，正是如日中天。天无二日，国无二主，蒋介石不能容忍毛泽东和龙云再搞独立割据。重庆谈判陷入僵局。9月10日，共产党根据地上党地区遭到国民党军队进攻。9月27日，蒋介石把毛泽东丢在重庆，自己悄悄飞到距离云南最近的西昌，部署对龙云动兵。不远的昆明，龙云还在催促儿子龙绳武快去越南。

10月3日，杜聿明率领中央军围攻昆明五华山。枪炮齐鸣，防守省政府的地方保安部队抵挡不住。手边没有军队，龙云不得不接受蒋介石的"邀请"，辞去主宰云南18年的省主席，去重庆任个空头职位军委参议长。

其实，对于这种变局，龙云也不是毫无防备。当初送卢汉去越南时，龙云面授机宜："一旦他们对昆明下手，你们就杀回云南！"

杀回云南？从外国打回国内？驻扎越南的滇军，面临艰难的选择。

师长陇耀痛心疾首："老蒋敢对我们的老主席动手，我们打回老家去！"

有人响应，有人沉默。军人的宗旨是保家卫国。从保家来说，滇军当然应该打回老家。可是，从卫国来说，又不该打内战。而且，现在想打也打不回去，中央军10个师堵住中越边境，对滇军6个师形成优势。

这时，蒋介石也尽力安抚，云南省政府主席，还是由云南人卢汉担任，还是云南人管理云南。进退失据，领兵大将卢汉也举棋不定。

这时，一个女人来到部队——潘朔端的妻子宋平，从昆明逃出来了！宋平向丈夫控诉，中央军把老主席赶走，在云南实行法西斯统治。12月1日昆明惨案，国民党军警镇压罢课学生，宋平的老师赵琴仙和潘朔端的侄子被杀害了！

潘朔端义愤填膺，找结义兄长曾泽生商议，既然卢汉不肯打回云南，那我们两个师自己行动！

曾泽生婉言相劝，还讲了吉鸿昌的故事，吉鸿昌当年反蒋抗日，被老蒋密捕杀害。曾泽生的夫人李律声也劝说宋平，我们现在就是相夫教子，不要再像年轻时那样激烈。

这时，担任方面军特务团团长的秘密共产党员朱家璧，被扣押了。蒋介石密令卢汉："朱家璧勾结越共，着即查办！"

本来就整你中间力量，现在又加上亲共的罪名，驻越滇军的处境，更加艰难。蒋介石又着手改组滇军，把卢汉调回云南，当了一个没有军权的省政府主席。滇军主力60军的军长，由曾泽生继任，曾泽生的184师，由潘朔端接任师长。这两人在滇军中并非龙云核心圈子的人物，但这两人都是蒋校长的黄埔生，又是龙云的军官候补生队骨干，也是滇军中难得的人选。

蒋介石把驻越滇军的军长师长召到重庆，亲自劝慰。

此刻龙云也在重庆，也向两军长布置反蒋大计。重庆机场，龙云的秘书刘宗岳把龙云的亲笔密令交给曾泽生军长，曾泽生看了说："我一定按老主席的指示干，请卢军长看吧。"

卢浚泉军长看见龙云命令两军打回云南，只是说："请告诉老主席，我知道了。"

龙云这才明白，改组后的滇军，已经脱离自己的掌控。那个龙云举办的军官候补生队，由卢浚泉和曾泽生实际主持，而卢浚泉是卢汉的幺叔！龙云和卢汉一致，卢浚泉听龙云的，龙云和卢汉不一致，卢浚泉听卢汉的。

老蒋得手了，一边赶走了云南王龙云，一边把滇军控制于境外。那毛泽东还在重庆等着签约，国共之间还没有撕破脸皮动武，老蒋抓住时机先向第三方面下手。

内战的第一枪，就这样闷声打响！

10月10日国共协议达成，毛泽东飞回延安。不过三天，蒋介石下达剿匪密令，准备对共产党大打！

困居外国的滇军，迅速消亡着斗志，占领军的日子安逸啊！

营房里的日军，乖乖的不敢捣乱，还承担全部勤杂事务，成了中国军官的勤务兵。曾泽生的副官乔景轩下连队抓炮兵，训练之余，经常到酒吧消遣。再也没有"华人与狗不得入内"，中国军官是这里最受欢迎的人。舞厅里，漂亮的越南舞女争着请中国军官跳舞，一个法国军官碰了一下，乔景轩踹他一脚！越南有许多华人，中国军队的到来让华人挺起了胸膛。华侨领袖把乔景轩这个小少校奉为上宾，介绍妙龄女儿相识。一些滇军军官，还在驻地结成战地鸳鸯。

在国内各大城市，国民党的接收大员"五子登科"——房子、金子、票子、妻子、车子，能捞就捞，不能捞就抢！驻越滇军也未能避免,走私,就是上下都做的事情。在滇南驻防的时候,184师就开始走私,师长万保邦委托杨重,在越南河口和中国昆明之间倒腾物资,发了笔小财。现在直接驻军外国,走私就成了公行的买卖。就连廉洁自奉的曾泽生,也让自己的妻弟做生意。

云南的烟土运到越南,越南的洋货进入云南,滇军军官都发了财,谁也不想再打仗。

一支出国受降的光荣之旅,眼看变成萎靡腐败的占领军……

## 炮打法国军舰

内外交困的驻越滇军,又碰上国际纠纷——法国军队要求接管越南北方。

越南在1884年沦为法国殖民地,日军侵占越南后,胡志明的越盟和越南国民党成为抵抗日军的主要力量。中国国民党扶植的越南国民党力量太弱,不成气候。中共支持的越盟长期坚持敌后抗战,胡志明在日本投降后立即回国,在河内组建了越南临时政府。新政府得到了广泛支持,越南皇帝保大宣布退位,加入临时政府当了顾问。

驻越中国占领军和越南临时政府友好合作,已经稳定了越南北方的局面,就连反对党国民党也和越盟联合,抵制法国回来。

中国占领军和越南临时政府友好合作，成功地稳定越南北方的局面，越南出现了独立建国的美好前景。

可是，法国有美英的支持，根本不理越南临时政府。

阻止法国殖民复辟的唯一期望，就是驻越中国军队了。

滇军是中国驻军的主力，提起那法军，滇军就有气。当年，你法国殖民东南亚，入侵我中国我云南，现在国都亡了，一个流亡政府神气什么？

日本投降时，流亡云南蒙自的法军少将亚历山大就找到中国陆军总司令部，要求由法军受降越南。

肖毅肃参谋长答道：受降安排由波茨坦公告决定，可参加波茨坦会议的四大国似乎没有法国，言外之意：受降越南，中国军队比法军更有资格！

可是，已经在越南北方受降的中国政府，却在国际列强的压力下，同法国政府谈判。1946年2月28日签订中法协定，中国军队将于3月撤出，法军将于6月接替中国军队在越南北方的防务。

协议达成不久，3月6日，法国军舰抢先开进海防港，强行登陆！

这时，中国军队尚未撤离，海防的防务尚未移交，当然拒绝法军登岸。

开炮！法军根本不把中国军队放在眼里。法军的舰炮击中陆岸的一处日军仓库，引爆仓库里的弹药，整个海防笼罩在硝烟中。

还击！中国驻军184师和21师的两个山炮营立即还击，根本顾不得向上请示。其实，滇军也不想向上级请示，那个上级刚刚抄了滇军的后路。

这两个营使用的是刚刚收缴的日式九四山炮，中国官兵尚不熟练。以夷制夷！找日本军人来干。日本军官提出个条件，滇军未免恼火，可人家说，打了炮希望给两支卡宾枪。滇军笑着答应了，不就是想要点自卫武器嘛。日军炮长立正发誓：三炮打不中自杀！

法国军舰距离挺近，第一炮打远了，第二炮就命中了！

岸上的中越军民一片欢腾，轰击法军的大炮越来越多。海防人民情绪激昂，构筑街垒抵抗侵略。一伙法军乘小艇登陆，被60军特务连一阵扫射就全部投降。

一场炮战下来，法国军舰瘫痪在港内，海军少将摇着白旗上岸谈判，沿途遭到越南百姓的唾骂。

出气啊！

打败日军，又击退法军，60军军长曾泽生感到前所未有的痛快，终于有了点国际强军的感觉。

就在这时，接到上级下达的停火令。

放走法国军舰那是可以理解的，人家毕竟也是反法西斯盟国。可是,驻越滇军接到上级命令:把越南北方移交法国。

这命令让人难以理解……

## 折旗断辕

驻越滇军接到命令,登上美国军舰,离开越南。

去向何方?只有高级将领才知道——接收东北主权。

师长潘朔端一直收听中共新华社的广播,得知东北早已由中共军队接管。中共军队也是中国军队,中国的主权已经接收完成。现在国民党军再去接收,那就不是接收国家主权,而是争地盘,打内战。

滇军不想打内战,也不想去那遥远寒冷的东北。那东北驻军长官,还有个炮打五华山的杜聿明。老蒋已经软禁了龙云老主席,现在又把滇军送入虎口?

但是,滇军还是不得不去。回国的路被中央军堵死,留越南又有法军挤压,唯一的出路就是登上美国军舰。

能让美国愿意海运国民党军队,也不容易。抗日战争期间,蒋介石和美军上将史迪威一直闹矛盾。一个是中国战区总司令,一个是中国战区参谋长,按说应该精诚团结。史迪威要求把美援装备也分给八路军一部分,蒋介石坚决不同意。这让一心抗战的史迪威不解,八路军和中央军都是抗日的军队,你中国军队的统

## 第四章　中国军队出国受降

帅为何对自己的部队分别对待？

重庆谈判，美国飞机运送国民党部队到大城市接管。延安美军观察组的飞机，也送共产党将领上前线。

蒋介石得罪了史迪威，却还得拿美国当靠山。看人下菜碟，央求美国海运，就选美国喜欢的部队。派往东北的国民党部队，大多来自中缅远征军，东北驻军长官陈诚、卫立煌、杜聿明都在远征军干过，同美国将领关系良好。云南是远征军的后方，滇军同美国军队也有长期的合作关系。

同美国关系良好的滇军，登上美国军舰却感到，这关系并不平等。

美国海军规定：登上美舰的中国军队，人员和武器必须分开装运。军队的传统是人在枪在，随时准备作战，这人枪分离，怎么有些像是缴枪投降的日军？

美国海军重视卫生，每个登舰的中国士兵，军装都要脱光抛弃，呛人的消毒粉喷洒全身，再换上一身美式军装。这种消毒措施显然不够礼貌，有些像是动物消毒啊。

就连中国军官的待遇也有限。据说又是美国海军的规定，女人不能上船。于是，从云南找到越南的师长夫人宋平，只得同丈夫潘朔端分离。

还是军长有地位，曾泽生搞到的法国高级轿车可以带上军舰。

121

起吊，钢丝绳突然断裂，军长的乘车落海沉没。

曾泽生脸色大变！

军队出征，有两大不吉之兆——折旗、断辕。

龙云的帅旗，刚刚在云南折倒；曾泽生的汽车，又在越南掉落大海。

副官乔景轩心想："此去东北预兆不祥啊……"

这确实不是一个小事件。

第二次世界大战之后的对日受降，从此格局大变。

按照波茨坦公告的国际受降安排：北纬16度线以北由中国受降。这个区域包括除东北以外的所有中国领土，还包括日军侵占的越南北方、台湾和琉球。

这安排的模糊之处，暴露国际列强的私欲。

法国要求重霸越南，明显违反波茨坦公告，可美英最终还是支持法国。

越南受降那还是外国的领土，中国的领土香港为什么不让中国受降？那英国早已把香港丢给日本，收回香港的主力是中共的东江纵队，可英国坚持要香港，美国就向英国让步。

苏联出兵东北应该算是解放者，可斯大林交还东北有条件：中国必须放弃收回外蒙古，还要保障苏联在东北中长路和旅顺港的权益。

中国的态度呢？

## 第四章 中国军队出国受降

1919年第一次世界大战之后，列强非要把中国的山东从德国转交日本，引发五四爱国运动。

这第二次世界大战又要划分势力范围了，依仗战胜国的地位，法国和英国都要回原来的殖民地，那么，同为战胜国的中国，更有权要回过去丢失的领土。

可是，中国统帅蒋介石，要回台湾，却把琉球丢给美国。后人感叹，如果当时蒋介石心胸开阔一些，连琉球一起要，那今天就没有中日钓鱼岛之争了，日本当时是战败国，无权置喙！

作为战胜国的中国，有权驻军日本。可是，蒋介石只是派出几十个观察员，准备驻军日本的一个师迟迟不发兵——留下兵力打内战。

第二次世界大战，中华民族遭受极大的苦难，也迎来近代史上前所未有的机遇：中国的各种军队首次实现统一编制，团结御敌，强军可望。中国失去的领土首次实现回归祖国，主权在我，强国有望。

可是，这次历史机遇，又被错过！

中国错过了一次历史机遇，蒋介石也错过了个人的历史机遇。勇于内战怯于外御的领袖，不可能得到中国人民的拥护。

滇军从出国受降转向回国内战，就是一个标志性事件。

满载60军官兵的美国军舰，向北行驶，南海、东海、黄海……

船上的潘朔端顾不上欣赏海景，整日躲在船长舱室收听广播，听美国之音，听共产党的新华广播电台，就是不信国民党的中国广播公司。

此去东北前程难卜，潘朔端不想被历史抛弃……

# 第五章 民主同盟军

☆

  从越南上船，海运万里抵达葫芦岛，下船的60军分外狼狈。

  擅长山地作战的云南官兵，在长途海运中吃够晕船的苦头。部队晕头晕脑地下船了，登岸一批就被调走一批，各师各团都被分散安排到不同的地方。军师首长到沈阳领受任务，潘朔端心头一紧——这东北国军的司令官就是那个发动云南五华山政变的杜聿明！这家伙向来整我滇军，这打内战正好借刀杀人啊！

  蒋介石也知道滇军需要安抚，在沈阳单独召见曾泽生。

  东北是必争之地啊！民国以来，东北一直相对独立，先是军阀割据，又有日本霸占，中央政府从未在东北建立有效管辖。抗战胜利，千古难逢的机会来了，为了收回富饶的东北，蒋介石不惜向斯大林让出外蒙。可共产党先行一步进入东北，国民党只能靠大部队生抢硬夺。依靠美国军舰海运东北的国军部队总共6个军，滇军两个军就占了三分之一。同共军争夺东北，还要倚重这支部队呢！

口惠而实不至，蒋介石给予滇军的口头安慰相当热情，可是，接下来的实际安排却令人心寒。60军被分散配置，一个师配属中央军的一个军，曾泽生手下只能掌握军部和一个团，军长变团长。

曾泽生心中警惕，老蒋是想让滇军和共军互相消耗啊。

蒋介石和曾泽生都不知道，共产党也在想让滇军背弃国军。

## 东北滇军成为争夺焦点

已经先期抢占东北的共产党，高度防范新来的国民党部队。第一次国共合作，1927年"四·一二"吃了老蒋的亏，这抗日战争第二次合作，胜利后也得防着点儿。

周保中的抗日联军退到苏联后组成88旅，在苏军出兵东北时又担当尖兵任务。共产党员周保中当然支持中共部队接管东北，可又得筹划如何对付国民党军队。这时就发现机会——东北的国军中有自己熟悉的滇军！

东北滇军的共产党地下支部，也在寻找东北党组织。秘密党支部的书记孙公达手里拿着本《水浒传》，整天在街上转悠，这是事先约定的秘密联络暗号。转了多日，还是找不到联络人，孙公达急了，直闯军调部！

这时分，美国出面调停国共冲突，东北大城市的军事调处执行部，驻有公开的共产党代表。

孙公达闯门找到中共代表，那中共代表王首道勃然大怒："狗特务，少给我来这一套！"

孙公达穿着国民党军服，时任60军谍报组组长，王首道当然会怀疑他是来钓鱼的军统特务。

中共对国军的工作，分为不同的系统。孙公达的60军地下党支部，主要做团以下基层工作。这些基层的地下党员如果贸然做上层工作，很可能被拒绝，甚至被杀头！国民党的军统特务早已渗透滇军，正在监督这些地方军队的高级将领呢。

对曾泽生和陇耀这些高级将领的工作，要由高级机关甚至是中央机关直接掌握。同高级将领面对面接触，又要选择对方能够接受或不得不接受的特殊人物。

共产党手里有个人力资源库，什么人才都能找到。从云南调人！一对青年夫妻，从云南千里迢迢赶到延安，又从延安赶赴东北。

云南工委党的2号领导侯方岳，遇到一个特殊情况：地下党员刘健请示，能不能和禄时英谈恋爱？那禄时英虽然是个进步青年，可其父禄国藩是国民党的昆明警备司令！

刘健没有料到，领导毫不犹豫地表态：很好。

不久，侯方岳又把禄时英派到重庆到南方局工作，南方局董必武又把禄时英派往延安，禄时英到了延安又被朱德总司令请去谈话。

朱德亲切地请刘健和禄时英共进晚餐，朱德自称是半个云南人，禄时英的父亲禄国藩是朱德护国战争的战友。朱德细述滇军彝族核心的六大家族，龙、卢、陇、安、禄……正好利用这些关系做滇军工作！

朱德说，瓦解敌军是我军政治工作的三大任务之一，做好这项工作，既是对全国解放的一大贡献，又是为云南家乡父老做了一件大好事。

饭后，总司令又带两人去见主席，毛泽东鼓励刘健和禄时英：这个任务很艰巨很光荣，你们去东北一定要把这个任务做好。

刘少奇交代具体任务，东北是重要的工业基地，建立巩固的东北根据地是一个较长时间的艰苦的斗争任务。对滇军的策反工作，搞不好还会掉脑袋呀！

为了保证安全，刘少奇还给刘健改了个名字——刘浩。

李克农亲自介绍各处情报关系，这个中央情报部领导是国民党通缉的特务头子！

1946年4月26日，刘浩带着朱德给滇军将领的亲笔信，搭乘军调部的美国飞机飞往东北。这时内战刚起，美国出面调处国共两党的冲突，调处的重点正是东北，共军代表可以乘坐美军飞机。不过，飞机席位有限，刘浩的妻子禄时英只能走陆路赶往东北。

刘浩到了东北，东北滇军两个军的地下支部立即接上了组织关系，这些云南党员都是老相识。

5月9日，毛泽东从延安致电东北局，要求开展对滇军的工作："你们应设专门机关派专门负责人进行该军工作，东北干部中一切滇籍干部尽可调做此工作。收集该军每一个逃兵，加以训练，进行兵运。"按照中央指示，东北党和军队都成立了"滇军工作委员会"，调集东北地域所有的云南籍贯干部，针对93军和60军展开工作。

就在国共两方都在筹划滇军工作的时候，潘朔端已经等不及了。

杜聿明把184师配属新1军廖耀湘，廖耀湘又把184师的三个团分散在铁路沿线，师部和552团在海城，550团在营口和大石桥，551团在鞍山。三个团拉开几百公里，便于共军分割包围，184师眼看就要成为内战的炮灰！

潘朔端找军长曾泽生诉苦，这位兄弟加上级只能忍气吞声。

60军不敢起事啊，顾虑云南老家亲属，顾虑老长官卢汉，顾虑重重又重重。

潘朔端又去拜见第一集团军长官孙渡，这位滇军老长官也是吞吞吐吐，在人屋檐下，不得不低头。

就在这时，杜聿明又给184师派来"联络组"和"别动队"，这些军统特务就是监军啊！

国共东北争夺，滇军是焦点。滇军面临选择，60军主力184师位居一线！

这个师的师长潘朔端，思想深处早就倾向共产党了。

妻子宋平在昆华女中加入共青团，宋平的哥哥宋一痕是云南地下党的早期党员。潘朔端在黄埔军校就与共产党人林彪一个班，北伐时又被当作亲共分子清出部队。受到共产党的影响，潘朔端把家里的田产分给佃户，不当地主。红军进入云南，奉命追击的潘朔端故意放慢脚步游山玩水。

潘朔端为人严正，不抽烟不喝酒不拉私人关系，在军官队伍里格格不入，倒是同共产党人合得来。台儿庄战役负伤后在武汉休养，潘朔端同罗炳辉频繁接触，分手时罗炳辉留言："你我出生在同一块土地上，但愿也能走在同一条道路上。"

潘朔端早在越南就打算起义而没有机会，现在，绝不能再次错过机遇。只是，自己到这个师不过三个月，根基不深。副师长郑祖志虽然是老部下，但目前还不一定愿意起义。能不能把控全师，潘朔端心里还没有底。

幸亏，上级又给这支部队调来一个参谋长。这马逸飞年轻时也是云南的风云人物，1926年参加共青团，曾任云南学联主席。1928年，中共云南第一届党代会，就在马逸飞活动的蒙自县召开，首任云南省委书记王德三的妻子就是马逸飞的妹妹。1930年，王德三被捕牺牲，云南地下党被破坏，马逸飞侥幸脱逃，开始了漫长的寻找组织的历程。1938年，马逸飞终于在武汉找到了罗炳辉。马逸飞虽然是云南人，但早年参军却是在四川军队，抗战初期按照组织安排到184师当参谋，后来又到中央陆军大学培训，加入了黄埔系。这个国民党信任的参谋长，开始同师长潘朔端商议如何摆脱国民党束缚。

## 海城率先起义

共产党给潘朔端创造起义条件了。

国民党军队攻打四平，东北民主联军就向鞍山发起进攻予以牵制。鞍山只有184师的一个团，难以抵抗共军的一个纵队，潘朔端急电请求长官部火速支援。上阵亲兄弟，军长曾泽生亲自率182师驰援，但铁路被炸断，沿途不停遭到东北民主联军四纵的阻击。而近邻鞍山的新1军部队，那孙立人就是按兵不动，友军请，上级催，这蒋介石的嫡系主力就是不动，仿佛乐见滇军吃亏。

两天激战拿下鞍山，民主联军又移师海城，包围了潘朔端的师部和552团。

海城激战，防守城外双子山阵地的连长撤回城里，师部当即将该连长枪毙！严厉的军法还是不顶用，师部厝石山附近的制高点玉皇山也被攻占，共军的炮弹把师部的后墙打了三个大洞。

国共两支大军交战，184师夹在中间挨打，眼看就要变成炮灰。

出路何在？

师长潘朔端沉默不语，副师长郑祖志忙着指挥，参谋长马逸飞到机要处找来两封电报。

上级派来的援兵得三天后才能到达，杜聿明向潘朔端下了死命令：战至一兵一卒！

这马逸飞早在1927年就加入了共产党，因敌人破坏失去组织联系，1937年又到八路军办事处找组织，现在虽然还没有恢复党籍，却已经为党从事滇军工作了。

马逸飞分析："我们这处境，叫作既不能守，也不能走，明天早晨就会全部阵亡。"

潘朔端故意问："可有第三条路？"

正在这时，指挥所里闯进几个士兵。鞍山被俘的551团两个兵，给师长捎来一封密信，写信人期望潘朔端"殊途同归"！

这封策反密信没有署名，可开头一句"黄埔一别，各奔东西",潘朔端立即猜出:这位黄埔同学就是东北民主联军司令林彪。

共军积极争取,国军不肯援救,184师被逼上梁山。

潘朔端决心起义,魏瑛和马逸飞表示坚决同意,副师长郑祖志却提出,怕对不起老长官曾军长。

潘朔端激动地说:"我想只要稍有爱国良心的人都会扪心自问,都会想一想,内战再扩大下去国家会怎么办?曾军长过去对蒋介石也很不满,慢慢地还可以争取他走我们这条路。"

潘朔端亲笔给林彪回信,托马逸飞出城谈判。

四纵的副司令员韩先楚和参谋长蔡正国热情接待马逸飞,这四纵就是后来的40军。这两个军从此结下不解之缘,从海城到长春,两次结成城下之盟。抗美援朝战争,兵团副司令韩先楚直接指挥50军作战,40军的蔡正国和郑志士先后到50军当副军长。

海城起义,在东北战场引起巨大的震动。

中共中央高度重视,就在潘朔端派人出城谈判的5月29日这天,毛泽东在延安起草电报,对鞍山战斗俘虏官兵的处理做出指示:"对六十军之俘虏官兵,予以特别优待,详细调查其内部情形,抓紧顽军反蒋情绪,转变为反内战,号召他们学习高树勋,建立民主建国军。对这些俘虏应举行热烈的群众欢迎大会,负责人分别进行谈话,造成六十军反内战的热烈情绪,然后分途遣送一部比较进步分子归队,每一个据点送回十数名,并给以较多旅

135

费。"对于东北滇军的工作，中共领袖想得很细。

国民党也重视海城，不能让184师起示范作用！潘朔端率队出城，国军飞机立即临头轰炸，把部队炸散。

此时此刻的东北，还是国军强共军弱，国军攻克共军的四平，正在乘胜猛攻。潘朔端虽然带着师部和552团起义了，那属下的550团团长杨朝纶却拒绝执行起义命令，继续在营口和大石桥独立顽抗。

随同潘朔端出城的四五千人，到达解放区析木城时只剩一半。尽管起事前已经扣押督军少将和谍报组，但是，184师还有忠于老蒋的人，参谋处长肖湘贤还企图暗杀潘朔端。

尽管起义艰难，潘朔端还是决心坚定。

1946年5月31日，到达解放区的潘朔端等发布起义通电。

庆贺电报纷纷发来，朱德总司令、东北民主联军总司令林彪、晋冀鲁豫军区司令员刘伯承政委邓小平、新四军军长陈毅、新四军二师师长罗炳辉……

值得注意的还有更早的起义部队，安边起义新11旅曹丛参旅长，民主建国军总司令高树勋。这两支部队是抗日战争胜利后最早的国军起义部队。1945年10月13日蒋介石下令进攻共产党，25日陕北安边新11旅起义。30日河北邯郸高树勋起义。

内战初起，这些部队就战场起义，这就击中老蒋的痛点——内战不得人心！

## 第五章 民主同盟军

国民党部队起义，起义后打什么旗号？

临阵倒戈！这是一段历史佳话。周武王伐纣，两军对战，那商纣王的大军虽然人数更多，但一支奴隶大军突然把戈头调转，帮助周军打商军，当即扭转战局。

按照历史传统，国军部队一旦起义，当然应该编入共产党军队的编制。没想到，共产党并不主张这样做。当时内战还在调停之中，国共之间尚未撕破面皮，起义部队不宜使用共军番号，毛泽东建议，高树勋部改称"民主建国军"。东北滇军93军也有一个连此前起义，也命名为"民主建国军云南支队"。

潘朔端184师是滇军，不宜使用高树勋西北军的旗号，魏瑛出了个主意：滇军和民盟关系好，就叫"民主同盟军"吧。随后起义的孔从周38军，取名"西北民主联军"。

共产党的统战策略相当高明，愿意结交更多的盟军。老蒋总想吃掉杂牌军，却把地方部队赶到共产党一边。

"民主同盟军"建军！60军184师到东北仅仅34天就起义，这民主同盟军是东北战场第一支起义部队，示范作用极大。

首义成功！中共中央军委决定，尽管没有剩下多少人马，但184师还是扩编升格为军，师长潘朔端当军长，团长升师长，全体军官人人官升两级！

海城起义轰动全国，更震撼滇军。

滇军来东北作战，长官总是说，共军装备太差，国军三个月就能解决东北问题。现在看，连滇军主力184师都打不下去，这共军并不好打啊！

蒋介石也怕示范效应。5月31日潘朔端通电起义，第二天6月1日蒋介石宣布恢复184师建制。

紧张争夺数日，6月6日，军调部发布东北停战公告。

宽待俘虏，那负隅顽抗的杨朝纶，只因为是184师的团长，又被民主同盟军收纳，还被提拔为184师副师长。

国军那边则没有这么大度量，杜聿明特派双枪特工，试图暗杀民主同盟军的军长潘朔端。

国共相持，有人犹豫，有人投机。潘朔端则决心下定。1946年10月，起义仅仅5个月的潘朔端，由军政治部主任徐文烈介绍加入共产党，马逸飞也同时恢复了党籍。

这支部队和共产党关系很深很久，自1938年就有了共产党的地下组织，又几次被迫撤出，现在不但恢复了党组织，而且军政主官潘朔端和徐文烈都是党员。

## 起义部队再哗变

"不惜任何代价除掉潘逆，以儆效尤！"蒋介石下了死命令，集中大军寻歼民主同盟军！

共产党也要保护这支示范作用极大的部队，掩护民主同盟军

## 第五章 民主同盟军

往北满撤退。

同盟军穿过阻击线，连续步行7天，10月30日在集安乘上火车，184师师长魏瑛带领部队乘第一列，民主同盟军军长潘朔端带军部乘第二列。

列车行驶到通化地域，天上有敌机侦察，地面也传来枪炮声，部队十分紧张。停靠石人车站加水，突然响起防空号，传出师长命令："下车上山防空！"

师长魏瑛诧异，自己这个师长并未下过如此命令啊？魏瑛下车追查，却被几个贵州兵用刺刀抵住："去见副师长！"

魏瑛立即想到这是杨朝纶哗变，赶紧从车厢下钻过去，高声召唤部队不要下车，又下令吹集合号。

一场混乱下来，部队又减员不少。

原来是副师长杨朝纶鼓动两个团长叛变，带走了部分官兵。

军队重视忠诚，一旦倒戈就摧毁了原有的忠诚，如果没有建立新的忠诚，还会发生再次倒戈。那时的中国战场，还是国民党强，共产党弱。滇军中的许多人，也要看看风向。

国民党军穷凶极恶地追杀，民主同盟军被挤压在中朝边境。石人车站哗变惊心动魄，前往北满的道路还有国民党军队封锁，怎么保住这支部队？

周保中反复琢磨，还是绕道朝鲜才安全。可是，中国军队带着武器进入外国，那可是非常严重的国际交涉问题。这就要用到周保中的人脉，朝鲜领袖金日成是东北抗日联军的老战友。

周保中派姜焕舟押运物资火车去朝鲜联络，姜焕舟在东北抗联的入党介绍人是崔庸健和金日成。列车按照规定不能过境，姜焕舟下车急奔平壤。周保中还不放心，又派夫人王一知去朝鲜联络。

金日成不要任何外交手续，立即批准借道，不但放行，还提供热情协助。

还是共产党的本事大，连外国都相助。潘朔端所部绕道朝鲜，平安到达北满解放区。东北各部门紧急抽调云南籍干部到民主同盟军工作。徐文烈任军政治部主任，从延安来的刘惠之任秘书长。当年10月，潘朔端由徐文烈介绍加入中国共产党，同组织失去联系多年的马逸飞也恢复了党籍。

来到解放区的部队，充分感到革命队伍的温暖，也开始检讨自己，起义后为什么出现哗变？为什么减员那么多？

副军长郑祖志坦率地承认自己也有过叛变的想法："一天之内，几次圣贤几次禽兽。"这些能打的将军，不甘心改旗易帜啊。

刚刚恢复党籍的参谋长马逸飞痛陈："名不正，言不顺。我们不应打同盟军的旗号，应该明确共产党领导！"也是啊，士兵们只知道共产党能够对抗国民党，哪里知晓什么中间力量？

刚刚入党的军长潘朔端深沉地说："军队和我个人都属于党！"经历两种军队的军人深有体会，军人忠诚的对象不应该是长官个人。

接着又调查分析自己的部队：进步的15%，落后的32%，落后成分是进步的两倍！这表明：起义，并不意味军队建设的完成。从旧制度过来的部队，必须经过彻底的改造，才能成为让党和人民放心的军队。

这支在东北战场率先起义的部队，开始内部整训，民主建军。

蒋介石也要整训滇军。搞不掉潘朔端，那也要防止多米诺骨牌效应。

东北司令长官杜聿明来视察了。这让军长曾泽生提心吊胆，杜长官说是来看抚顺煤矿，其实肯定是来监督我60军！那海城起事的184师是自己的老部队，潘朔端师长是自己的好兄弟，上级追查会不会牵连自己和60军？

没想到，杜聿明非但没有训斥，反而好言安慰。非但没有撤掉184师的番号，反而答应重建184师。非但没有把60军拆散，反而增加了两个师的编制，增加暂编22师和52师。

感恩戴德，曾泽生在抚顺整军，防止再次发生变乱。不过，曾泽生也不见那个逃回来的杨朝纶。60军私下传播曾军长的话，那海城的事不怨咱滇军，那是东北长官部逼的。

东北滇军远离家乡，孤军奋战，曾泽生必须保持上下同心。听说云南遭遇水灾，60军官兵立即捐款寄回家乡。《云南日报》

大篇幅报道，云南子弟兵心系家乡。

可惜，东北滇军的家乡，如今已是军去人非。

潘朔端起义后，军统特务立即查封184师所有军官的家产，迫害潘朔端的妻子宋平。5月海城起义，7月昆明惨案连连，大学教授李公朴、闻一多接连被刺杀。

家乡传来的消息，让远在东北的60军和93军十分担心，担心家属的安危，担心东北的行动会给云南带来什么后果。

就在这时，卢汉来了。蒋介石深通人情世故，特别让卢汉到东北劳军，安抚东北滇军的军心。

卢汉面对旧部，出言坦率：我这个主席是靠你们当上的，能否继续当和当多久，要看你们为老蒋效劳的成绩如何。你们一定要尽心竭力地打，但又不能丢掉老本，老本没了什么都没了。

言外之意，只要我东北滇军保存实力，他老蒋就不敢对我云南下手。

滇军难啊！抗日战争的光荣之旅，沦为反动内战的炮灰。老蒋让你和共军拼杀，打，就是两败俱伤。不打？位于国民党大后方的云南老家怎么办？老长官卢汉还是老蒋的人质呢！那就还是打吧，只能再打下去。

见过老长官卢汉，曾泽生又有心情打网球了。美国援助有力，老蒋实力不弱，60军也许还有希望……

## 第五章 民主同盟军

### 老家来人了

国民党重视滇军工作，共产党对滇军功夫下得更细。中央从延安抽调一批云南籍贯的干部到东北，东北也成立了两个滇军工作委员会，党的系统由东北局联络部部长李立三负责，军队系统由辽东军区司令周保中负责。

这些熟悉云南的干部分析了东北滇军的人事状况。滇军的领导核心是龙云和卢汉的彝族亲属圈，东北滇军的人事权掌握在93军军长卢浚泉和60军师长陇耀这两个彝族将领手里，而60军的军长曾泽生是汉族，只能进入卢汉的准亲信圈。

刘浩请60军的秘密党员杨重带路，直接闯进陇耀的师部，送上潘朔端和林彪的亲笔信。

陇耀表示愿意联系共产党，但又提出要求，希望60军和93军联合行动。

刘浩正计划把工作重点转向93军的卢浚泉。卢浚泉和共产党早有关系，进占东北之前，还特地派了个秘书到北平军调处找叶剑英，表示滇军不会同共军打仗。如果卢浚泉的工作做通了，他一带头，整个东北滇军就全解决了。

刘浩换了套国民党军装，以赵振华少校的身份进入锦州，找到93军的秘密党员张士明团长。这样，赵振华少校就堂堂正正走进卢浚泉军长的办公室。

刘浩把朱德的亲笔信当面交给卢浚泉,代表叶剑英邀请卢浚泉去北平面谈。

卢浚泉推托请假有困难。

不久,叶剑英得到情报,蒋介石准备派93军攻打承德,又派刘浩第二次面见卢浚泉。

卢浚泉还是推托。这时,有美国撑腰的国民党军队,正处于进攻态势。卢浚泉在东北也受到蒋介石的重用,刚刚提拔为驻防锦州的副总司令。

卢浚泉态度暧昧,东北滇军工作的重点,不得不从93军转到60军。

可是,60军的工作也不好做啊!刘浩刚走,陇耀就找到杨重:你介绍的那个人,要不是我的亲戚,我就把他抓起来了!这就让杨重更加小心,那军长曾泽生为人谨慎,不敢对他点破关系啊。

谁能说动这些滇军将领?熟悉滇军的叶剑英,想到了一个人……

昆明赋闲的张冲,正受到军统特务的严密监视。这怀疑是有来由的,东北起事的184师是张冲的老部队!

张冲这个滇军的诸葛亮,开始演戏了,戒烟!

公开戒,反复戒,经常戒。你国民党特务不是把戒除鸦片当作起事标志吗？我张冲大声喊叫戒烟，吃完这盒烟膏就不吃了！可是，一盒吃光又忍不住再要一盒，再要一盒又再次要。吸食大烟之后，张冲又到昆明警备司令霍揆彰家中串门，串门吃饭还不走，索性常住霍府，白吃白喝。

就连国民党特务都说，这老头没出息，没魄力投共产党。

1946年10月，国民党要召开国民代表大会，履行宪政程序。蒋介石口称宪政，却排斥共产党参政，中间力量就成了争夺的焦点。中间力量中民盟与共产党同进退，蒋介石就瞄准了地方实力派。

这样，失去投共威胁的张冲，就成为云南的"土著民族"代表，人家毕竟是台儿庄功臣。到会之后，国民党中央组织部部长陈立夫亲自探望，悄悄告诉张冲：蒋委员长准备让你接替卢汉主政云南！

张冲转头去找中共驻南京的代表董必武，要求去延安。与此同时，张冲的夫人惠国芳，带着孩子悄悄从昆明飞到北平。

南京的大会刚散，国民代表张冲就接到北平法院的传票：惠国芳打官司离婚！

陈立夫本来要把张冲直接送回昆明，现在却不得不接受法院安排。还是不放心，中统特务陪同张冲一起飞北平。

北平也有军调部，中共代表正是叶剑英。国共内战，军调失败，1946年11月中共代表飞返延安，第一班飞机中，就有改名换姓的张冲。

张冲的巧妙设计，居然把国民党的中统特务都瞒过了。这样的人物到了延安，中共中央就有了一位做滇军工作的大将。

中国是关系社会，许多事情要利用熟人关系去做。刘浩面见卢浚泉，卢浚泉即使不肯起义，也不好对这个共产党员下手，人家是禄国藩前辈的女婿。

做陇耀工作，也得有个合适的人选，那彝族将领脾气火暴，说翻脸就能翻脸。

可是，陇耀见到女儿就没脾气了。万里迢迢，独生女儿陇若兰从云南来到东北，陇耀放下军务，每天晚上同女儿聊天。

陇若兰此行，带有云南党组织赋予的任务。思想进步的女学生陇若兰，爱上了地下党员李长猛，富家千金同穷书生，彝族少女同回族少年，这种浪漫的爱情，让陇若兰对革命充满激情。

陇若兰直截了当地批评国民党不该发动反共内战，陇耀乐呵呵地听着。

陇若兰要求父亲带头起义，陇耀也没有生气，只是不肯表态。

陇若兰批评父亲给卢汉当奴才，陇耀急了，跳脚要打女儿，卢汉是你老爸的救命恩人！

父亲是硬汉，女儿也不软。陇若兰出门站到当院，不肯与父亲同屋交谈！

东北冷啊，比家乡云南冷得多啊！陇耀又得把女儿请回屋里。要是别人这么骂卢汉，陇耀早把他毙了！

尽管陇若兰没能说服父亲起义，但毕竟是捅破了这层窗户纸。

老家来人不能挡！陇耀感叹，那国民党和共产党都在争夺我滇军，国民党只是说些官话，比起来，还是共产党有人情味啊。

## 三个184师

国共两军对东北的争夺越来越激烈，那海城起义的184师更是争夺焦点。

这184师的番号响亮啊！台儿庄战役的第二阶段国军损失惨重，60军三个师打剩一个就是这184师。随后的禹王山争夺战，184师顶住日军百余次进攻，名震全军！

可是，这184师居然在海城投共了？

不能认栽。国军继续组建184师，再一再二再三。共军不能允许死灰复燃，继续追击184师，再一再二再三……于是，东北战场就先后有了三个184师！

第一个184师海城起义改编为民主同盟军184师，国民党重建第二个184师，1947年5月在梅河口战斗被解放军打掉，师长陈开文被俘。石人车站哗变的杨朝纶逃到锦州，立即向中央请功。蒋介石褒奖这个忠臣，又在锦州组建第三个184师！

这个184师就不属于60军编制了，改属93军，还算滇军。

东北滇军两个军，待遇有所不同。锦州的93军，军长升级为警备副司令。吉林的60军，部属投共不可靠。1946年10月，国民党实施"南攻北守"的作战方针，60军奉命移防吉林市。可堂堂的60军军长曾泽生和他的军部，却被中央军的一个师长挤出城外，只能栖身城外北山的破庙里。

屡战屡败的60军在国军中获得一个外号——"60熊！"

军人行话：是英雄，是狗熊，战场上面比比看！60军对共军作战不力，受到中央军歧视，新到任的东北司令陈诚发话：再打不好就取消番号！

曾泽生感到窝囊，我们60军打日本打得比你好！

打日本越打越强，打内战越打越弱，这就是60军的现状。

内战不好打。奉命出击的60军暂编21师遭遇伏击，师长陇耀化装成老百姓才侥幸逃脱。共军仿佛知道60军的一切动向，这仗还怎么打？打日本，滇军有风语者，白族话通信日本无法监听。打内战，滇军内部有秘密共产党员，出击计划早已被陇耀自己的电台发给对手了。

面对上级的欺压和对手的渗透，60军只能尽力巩固内部。终于稳住吉林周边的防御，被评为战绩甲等部队。曾泽生稍有欣慰，60熊的帽子摘掉了！

可是，又来了一支无法对付的力量——归俘。

暂编21师的被俘军官，竟然回来了，共军不但优待俘虏，还释放俘虏。这些人不是共产党，你不能抓；可这些人又是共产党的义务宣传员，都说共军怎样尊重滇军的人格。

正在60军纠结的时候，老长官张冲来东北了！

1947年8月，东北人民广播电台反复播放张冲的录音讲话，号召滇军战场起义，号召60军、93军、58军都转向革命。

滇军官兵谁都知道台儿庄英雄张冲，那张冲能在共产党受重用，我们也有出路！

张冲给曾泽生写信，劝说当机立断，战场起义。曾泽生还是犹豫，现在东北战场还是拉锯局面，60军还不是走投无路。曾泽生还惦念着云南老家，老长官卢汉的处境如何？

老长官卢汉也来了！

1947年9月，云南省主席卢汉第二次飞到东北。滇军长官到了东北，首先拜谒滇军出关阵亡将士公墓。公开场合，卢汉训令滇军：严防张冲！

私下会见卢浚泉和曾泽生两位军长，卢汉小声交代："力保实力，固守不必死守，要留条后路。"

留后路？曾泽生十分震撼：这后路涵盖无穷，可以是脱逃回滇，可以是战场倒戈……

万里出征，舍生忘死，军人为什么？不就是家中的妻儿老小嘛！60军之所以在东北瞻前顾后，并非因为死忠老蒋，不过是顾虑云南老家。现在好了，老长官卢汉的一句暗示，那就是锦囊妙计，那就是起义金牌……

这时空中又传来重要消息，蒋经国飞到吉林上空，点名要与曾泽生通话。

能够直接与太子爷通话，曾泽生受宠若惊。看来，老蒋还不打算裁撤我滇军。

毛泽东、蒋介石、卢汉，都在争取60军。

曾泽生跟谁走呢？

# 第六章　兵临城下

☆

久经战阵的曾泽生,遇到一个难下的决心。

共军进攻凌厉,60军奉命撤出吉林城转到长春固守。不能把完整的城市留给共军,蒋委员长和东北最高长官卫立煌下令:炸毁小丰满水电站大坝!

小丰满是当时中国最大的水库,一旦垮坝,滔天的洪水将淹没松辽平原,有效地阻止共军接收。这战法在军事上十分有效,可也有个致命缺陷——大水不认识人。蒋委员长当年下令炸毁花园口黄河大坝,有效地延缓日军的步伐,也淹死数十万中国民众。

军人必须服从,可是,即便是杀敌不眨眼的将军,也不愿做花园口式的千古罪人啊。

曾泽生犹豫再三，拿起电话……

## 营口起义

1948年初的东北战场，正是国共较量的转折阶段。先是国民党大举进攻，共产党撤出长春等大城市，继而共产党转入反攻，从农村进取城市。

就在这转折关头，营口起义了！

驻防营口的这个师，原来是伪满洲国的守备部队，国军进占东北后，王家善率队投诚才改编为国军。人们一时难解，这汉奸加反动的底子，怎能起义呢？

王家善是东北军的老军人，1935年留学日本陆军大学，同学中有许多日军的青年才俊，社会中也结识了秘密共产党员何正卓。见识颇广的王家善回东北后，受命组建"满洲国"的军队。

王家善知道掌军不易，公开任职之外，又在自己的部队里建立一个秘密团体——真勇社。这支军队的任务是跟随日本保护满洲国，这个军中社团的秘密纲领却是反满抗日，王家善的内心还是爱中国啊。

东北的官方没有发现真勇社的秘密，关东军以为这王家善是日本培养出来的亲日分子。可是，第三只眼睛更加锐利。

## 第六章 兵临城下

国民党、共产党，两方驻东北的情报组织，都在关注王家善。

奇怪，王家善拒绝执政党国民党军统的联络，却吸收共产党的何正卓加入真勇社。

中共在东北已有多年工作基础，刘少奇曾领导满洲省委。周保中等抗联队伍撤离东北去苏联后，东北还有一个秘密情报组潜伏。这个情报组的成员大多是满洲国的高官子弟，其中有总理大臣的儿子张梦实，有川岛芳子的弟弟宪东。

日本特务相信这些汉奸子弟，委以军权，却没有想到，汉奸的后代也可能是爱国英雄！正应了中国一句老话——英雄不问出处。

主掌汉奸部队的王家善，在自己的部队经营力量，真勇社的骨干成员刘凤卓等人是王家善的五虎六将，大家兄弟伙等待时机。

待到日本投降，东北一片混乱，刘凤卓乘乱营救了被俘的国民党特派员。王家善改旗易帜，自任国民党地下先遣军总指挥。中央军开到东北正需要接地气，将这支部队改编为58师。

中共的东北情报组也早就盯上了这支队伍，情报员石迪自1941年就在王家善部工作，这时又发展王家善的亲信骨干刘凤卓加入情报组。刘凤卓通过"北辰同学会"，逐步控制全师兵权。

国共争夺东北，石迪打算策动王家善部起义，中共中央社会部副部长潘汉年深谋远虑,指示先不起义,继续等待时机。

1946年5月30日,潘朔端发起海城起义,震动东北。184师驻地由58师接防,这营口和大石桥还是国共争夺的要点。

迫不及待,58师的秘密党员乔遇春从基层发动起义,企图倒逼王家善。由于缺乏周密筹划和高层支持,这次冒险行动失败了。国民党特务追查58师,王家善把参与起义的部下悄悄送走,向上报告正在通缉。没有暴露的刘凤卓等人,则留了下来。

王家善不赞成现在起义:"共产党必将得天下,可国民党还能维持二十年。"

这让刘凤卓感到,这个老长官还是要看看风头,不会为革命提前牺牲自己。

这就是中国旧军人的复杂性,虽然持有国家观念,又把军队视为私产,一切从保存实力出发。

待到1948年2月,共产党大举反攻,国民党捉襟见肘,石迪看准时机策动起义。刘凤卓等人担心,如果王家善不支持,58师可能分裂为对立的两个阵营,重蹈上次的失败。

起事时,王家善居然亲自指挥全师行动!

驻扎营口的国军不止王家善的58师,还有新1军的部队和交警总队。王家善邀请新1军副军长视察防务,召集紧急会议,一下抓了三十多个高级军官。交警总队,由刘凤卓带队缴械。

曾让解放军攻城部队付出重大牺牲的营口,如今不攻而下。

## 第六章　兵临城下

刘凤卓这才知道，老长官同共产党的联系比自己还早。

起义部队命名为"东北人民解放军独立第五师"。师长王家善，政委是多年从事敌军工作的谢甫生。东北民主联军在1948年1月改称东北人民解放军，起义部队不必再打中间旗号了。

起义的待遇也有分寸。王家善部起义前是师级部队，起义之后依然保留师级编制，没有像起义最早的潘朔端部那样升格扩编，但也没有降格。这个师虽然没有打过硬仗，可军官队伍的文化素养却是全军少有，2人日本陆军大学、15个日本士官学校、东北讲武堂5人、军校100多人。

虽然没有升级扩编，这营口起义仍属难得。自从海城起义后，共产党在东北处于弱势，近两年没有大规模起义。这营口起义发生在转折关头，很有示范意义，特别是启发长春的60军！这个师后来编入50军，成为150师，参加解放战争的南下作战和抗美援朝作战。

先有184师，再有独立第5师，就在60军全军起义之前，东北国军已有两个师先行一步了。

海城起义，营口起义，东北战场的两次国军部队起义，刺激着吉林的60军。

面对蒋介石炸毁小丰满命令，60军将校议论纷纷：人家共军撤出吉林的时候都没有破坏城市没有破坏电站，难道我们当罪人？

可又不能公开抗命。曾泽生知道，60军现在是老蒋的怀疑对象，必须小心行事。

曾泽生拿起电话，向下传达了上级命令，关于炸毁大坝的命令。但是，并未下达执行命令的具体部署。

驻守小丰满的60军544团，不但接到军长的命令，还接到共军的传单。

共军仿佛能够预知蒋介石的密令，从新华社电讯到战地传单，公开警告守军：炸毁小丰满大坝就是反人民罪行，我军必追至天涯海角将其严惩！共军的传单在曾泽生命令之前就传到544团，从营到连到排甚至到班都有传单！

谁都知道不该炸坝，可军人必须服从命令。服从什么命令？曾军长那电话，根本就不算个作战命令。那就不炸？军参谋长徐树民亲自督促立即爆炸！那参谋长是上峰派来监视曾军长的，老蒋的亲信，谁不执行他的命令就会军法从事。

难题推到544团这里，足以炸毁大坝的黄色炸药，早已储备在大坝旁边的坑道里，只待一声令下。544团派了一帮人，往配电室扔了几颗手榴弹。电厂工人立即拉闸，吉林城停电。

表面上执行了破坏命令，实际上没有炸毁大坝。

幸亏没有炸毁大坝，不然60军也会被洪水困在吉林。

吉林城守不住，60军奉命撤往长春，战战兢兢出行，从吉林到长春沿途都有共军阻截，如何杀出一条血路？

前方响起枪声，曾军长头戴钢盔，手提手枪，亲自指挥炮兵开路。

丢盔卸甲，1948年3月11日，60军狼狈退入长春城。长春城里已有中央军的新7军，两军沿中山路划界，路东60军，路西新7军，各自承担一半防务。

## 长春围城

1948年春天的长春，不仅是东北战场的争夺焦点，而且具有全国意义。

东北大地，解放军正在由守转攻，国民党军固守的大城市，只剩北面的长春、中间的沈阳、南面的锦州。4月18日，东北解放军司令员林彪向中央军委建议攻打长春，22日中央军委主席毛泽东回电同意。

4月30日，毛泽东发布五一口号，呼吁召开政治协商会议，讨论并实现召集人民代表大会，成立民主联合政府。毛泽东设想，新政协的开会地点设在长春。虽然共产党已经据有更大的城市哈尔滨，但是，新都的选择不宜离苏联太近，以免傀儡政权之嫌。

新中国的首都设在长春？这就让长春成为兵家必争之地。

眼见解放军有了攻城的动作，这让长春分外紧张，守军日夜抢修防御工事。长春紧张，锦州就好受些，估计共军一时顾不上打锦州。

先打长春，对于东北的林彪是顺理成章的事情。共产党的根据地在北，国民党的地盘在南，从北向南推进，必胜无疑。先打锦州则要深入敌后，劳师远征，兵家大忌。

先打锦州，对于西柏坡的毛泽东是全国大局。先打长春，东北国军就可以从容撤退关内，成为华北决战的生力军。先打锦州，就可以形成关门打狗之势，把东北国军歼灭在东北。这样，东北解放军一军独大，毛泽东就有了蒋介石没有的战略预备队。

先攻锦州还是先打长春？毛泽东与林彪都在思考，也有争论。

林彪6月做出围困长春的部署，7月20日又报告不宜强攻长春还是南下为好。7月22日军委同意尽早南下，8月1日毛泽东致电香港的李济深和沈钧儒，邀请民主党派领袖尽早北上东北解放区。9月3日林彪部署南下，可到10月2日林彪又犹豫南下还是北上！

先打长春还是先打锦州？

这是决定东北战局的一个险招，也是决定两支滇军部队命运的契机——长春和锦州都有来自云南的滇军，60军驻防长春，93军驻防锦州。

决战东北，开始的时候还是国民党强，共产党弱。可是，共

## 第六章 兵临城下

产党还有个独门绝技,那就是瓦解敌军。瓦解东北国军,共产党把重点放在滇军身上。滇军长期以来就与蒋介石面和心不和,同共产党则有千丝万缕的关系。

东北战事打响之前,叶剑英专门派人同锦州93军的卢浚泉军长秘密联络。至于长春的60军,共产党虽然在这个军有秘密党支部,却没能与军长曾泽生沟通。比起来,锦州的工作基础比长春还要好些。

可是,历史的事实是:解放军先打锦州,93军被歼灭,同共产党早有关系的卢浚泉军长成了俘虏;长春起义,同共产党关系不深的曾泽生成了解放军50军的军长。

若是先打长春呢?两个军和两个军长的命运是否会颠倒?

历史不能假设,历史事实是,东北解放军暂不攻打长春,而是采取了一个奇特的战法——长围久困。

攻打长春并不容易。

长春是"满洲国"首都,日本经营多年,无论政府大楼还是银行大楼,外墙都有一米多厚,炮打不穿。国军进驻之后,又环城修筑堡垒,堪称坚城难下。

长春的十万驻军更是了得。司令官郑洞国是当年中国远征军的帅才,属下新7军是中央军主力,新38师更是孙立人将军从缅甸带出来的雄师劲旅。另一个60军也是滇军精锐,台儿庄战役坚守禹王山击退日军。这两军特别擅长防御作战，还有东北各地撤到城里的还乡团队相助，固守城池那是有恃无恐。

解放军虽然能够也用十万人马包围长春，但缺乏攻坚的炮火和经验。一支善于进攻的部队，对长春城外的防御要点发起了试探性进攻，却被打退了。这支部队就是后来的38军113师，主力中的主力。主力部队都碰了钉子！这支部队的政委李欣回忆，从此以后解放军再也没有对长春城发动攻击。

东北解放军总部决定改用一种性能价格比更高的战法："长围久困，展开政治攻势和经济斗争，使其粮弹俱困，人心动摇时再攻。"兵法云：攻城为下，攻心为上。最好还是策动守军起义，不战而屈人之兵。

策反长春守军，不能指望郑洞国，那人是黄埔一期，蒋介石的爱将。争取的对象还应该是滇军，60军军长曾泽生。曾泽生其人，不贪污，不腐化，能打仗，能维人，按说是可以争取的对象。可是，曾泽生其人深沉稳重，喜怒不形于色，谁也不知他心里真的想什么。所以，即使是熟悉曾泽生的地下党员杨重，也不敢同曾泽生挑明深谈。

在滇军体系中，龙云和卢汉也有矛盾，曾泽生更近卢汉。五华山事件，曾泽生没有执行龙云的回师云南计划，还是听卢汉的。龙云和中共早有关系，可卢汉一直保持距离。曾泽生既是滇军，也是蒋校长的黄埔生，任师政治部主任时主持过部队清共。

郑洞国在长春给国民党军队训话

## 第六章 兵临城下

来东北前，曾泽生刚刚由师长破格提拔为军长，看来是蒋介石和卢汉都信任的人。60军进长春，蒋介石又特地晋升曾泽生为第一兵团副司令。这样，曾泽生这个杂牌军军长的地位就比同守长春的新7军军长还高！

综合分析，可能争取，又不会轻易成功。

于是，对长春的战术，就变成了长围久困。在围困中瓦解对方的作战意志，不失为减少牺牲的高明招数。

围城！解放军加民兵，把长春城团团围困。

守城！长春城里的两个军并不惊慌，防御是国军的强项。

天上神仙打仗，地下百姓遭殃，长春城里的几十万老百姓怎么办？国军严格把守城门，严防共军间谍出入，一句话："里不出外不进！"

这里不出外不进，不只限制人口，还断了商路——长春没了外来物资供应！缺用少穿还不可怕，最可怕的是缺少粮食。长春城里物价飞涨，涨得最快的是粮食。一个大饼能换一个金镏子，一个金镏子能换个大姑娘，也就是说，一个大饼就能结婚娶媳妇！

粮食短缺，军队不怕。60军和新7军两军撤出部队，到民间强迫征粮——杀民养军！

民间的粮食更少了，饥民满街，可要饭都要不到。

一个烫发女人，穿着高跟鞋走在街头，突然一歪，倒下死了。

饥饿和病患，夺走人的生命。

60军的军部驻在铁路大楼，距离火车站不远。宏伟的楼房戒备森严，可这一日卫兵慌了。接到下属的报告，曾泽生推开窗户往下看——只见自己的楼下躺着一排婴儿！

一个个抱着孩子的母亲，蹒跚着来到楼前，把自己的孩子放在卫兵脚下，无奈地走了。

看着这些手无寸铁的母亲，看着脚下啼哭的婴儿，持枪的卫兵手足无措，都是人，谁没有妻儿老小？

曾泽生关上窗户，对副官乔景轩布置：把孩子接进来，喂饭……

长官心善，乔景轩只能执行。但乔景轩也知道，这些婴儿在大兵手上带不活。

饥饿、瘟疫、死亡、恐怖笼罩全城……守城长官不得不考虑，再这样下去，饥民会造反的！

## 中间地带的惨状

里不出外不进的长春，7月底开始有了出城的人。国军也要减轻城里的食品供应负担，开始允许百姓外逃。

外逃要通过两道防线。高大的城墙由国军据守，城墙外的战

## 第六章 兵临城下

壕是解放军挖的；城头居高临下地射击战壕，战壕把城池围得水泄不通。

成群成队的老百姓，扶老携幼，走出城门，走向战壕。战壕边拉起了铁丝网，不许通过！解放军警惕守军乘机偷袭，此前已有多次守城部队出城抢粮。

这就难坏了出城的人们。

回城吧？城门拦着拒马，里现在可以出，外还是不许入，你出去就不准再回来！出不去，也回不去，外逃饥民只能在战壕与城墙之间的中间地带停留。

这中间地带，本是侦察兵的活动地带。无论守军还是围军，都派遣谍报人员，侦察对方动向。

解放军前方办事处的干事张剑，经常潜入这中间地带，同城内的地下党同志接头。围城的同时，解放军大力开展对长春守军的策反工作，专门组织了前方办事处开展工作。这个办事处的主任是从云南地下党调来的刘浩，副主任是曾任60军副官处处长的杨重，还有曾任60军地下党支部书记的方正，三个人都熟悉滇军，杨重改名杨滨，负责联络潜伏在60军的孙公达。

张剑在暗夜潜入中间地带，没有遇见接头人，却意外地看到悲惨的一幕：

空地上架着一口大锅，锅里的水在翻腾。一群饥民围着铁锅，饥肠辘辘地等待。

有人来了，往铁锅里放肉。

这时候还能有肉？

张剑仔细观察，那肉骨头居然来自尸体，饥民的尸体！

中间地带的饥民惨剧，立即上报吉林军区司令员周保中。周保中早年出身滇军，中央调派他率领吉林地方的围城斗争委员会，配合野战军做城内60军的工作。

周保中认为，必须立即改变长围久困的围城方针，营救城中饥民。

东北野战军司令员林彪早已确定围城方针："外不许进，内不许出，让老百姓和国民党抢粮。"这个打法相当聪明，一旦城中变乱，解放军就可以乘势攻城，减少部队牺牲。

可是，长春城里并没有发生大规模变乱。江文英说，空投的粮食砸断自家房梁，老百姓也不敢动，干等着大兵来取粮食包。

长春的老百姓怕兵啊！满洲国的首都，满城都是警察和日本宪兵，长春老百姓被欺负了十几年，不当顺民活不下去。中央军打着收复主权的旗号来了，十万大军驻在城里，谁反对谁就是汉奸，立即枪毙！

共产党的长春工委组织群众到市政府示威，呼喊："反对饥饿！""我们要饭吃！"

众多军警立即上前弹压驱散。

十万军警对三十万百姓，镇压力量太强，群众反抗损失太大。

长春城里死尸遍地,就连坚持工作的地下党员也饿死了。还有力气出城的饥民,走到中间地带就走不动了。要想活下去,只能人吃人!

中间地带滞留的饥民越来越多,估计有8万之众。

周保中找林彪进言:"我们今天围城和明天打进城,不都是为了人民吗?现在,眼看长春城里的百姓躺倒街头,我们能无动于衷吗?我们对要求出城的百姓应该放行!"

林彪坚持:"为了保证战争的胜利,原定方针不能变。"

周保中知道,林彪原定的方针,也是为了减少牺牲,攻城的炮火会伤害百姓,不如逼迫守军不战而降。可现在情况不同,不等你攻城百姓就死光了!

周保中在东北坚持斗争多年,和东北民众感情极深,长春人民在十四年抗日战争和两年解放战争中做出了多少牺牲!

周保中激动地说:"难道我们能眼看这些有功的人民,就这样倒在我们共产党人面前吗?"

林彪异常严肃地说:"老兄,这是战争!"

这是战争!

每个经历战争的军人,都会懂得这句话的分量。

战争就要死人,不死人不可能取得胜利。分别只是,死人多些和死人少些。

以人道论，生命无价，每一个生命都不可代替。可是在军人眼里，生命也得计数，以尽量少的牺牲取代过多的牺牲，就是胜利。

于是有了花园口炸毁黄河大坝，洪水阻止了敌军，也淹死了百姓。

于是有了广岛和长崎，原子弹吓阻了抵抗，也炸死了平民。

这就是战争，这就是战争造成的人间惨剧！

不过，在争执之后，林彪还是改变了方针，允许长春城里的百姓出城。

战争残酷，在军人大量死伤的同时，如何保护平民始终是统帅的难题。想当年，刘备撤出新野，宁愿跑得慢，也要带上全城百姓，于是留下千古佳话。毛泽东撤出延安的时候，一定要看到全城百姓安全转移之后，自己才肯走。

解放军的宗旨就是为人民服务，怎能眼看人民牺牲？围城指挥部专门成立处理难民委员会，兵团政治部主任唐天际负责难民事务。周保中亲自到封锁线布置接待饥民，特别提醒：第一顿饭不能吃干的，要喝粥。曾在抗联经受缺粮的周保中知道，长期饥饿之后胃肠萎缩，一旦吃撑了就有生命危险！

周保中安排人员，把难民转移到农村亲友家居住，还介绍长春大学代校长张德馨到吉林大学任教。出城的难民还有许多孩子，徐文烈挑了个十六岁的孤儿，留在身边当警卫员，解放军把难民当自己人。

处理难民委员会调集物资，对出城难民每人每天发给救济粮1斤，先后收容难民15万人，发放粮食5万吨。

公元1948年的长春围城，半个世纪之后还不时有人提起。为何长期围城不攻？围城期间饿死多少平民？有人争论战法，有人拷问人性……

张殿英和江文英夫妇，这两个从日本占据时代就在长春生活的长春人，逃离饥饿，参加了解放军。张殿英后任50军149师后勤部部长，退休后和老伴江文英又回长春居住。

回忆长春围城，这两个长春人并没有埋怨谁，也没有争论长春城到底死去多少人。

覆巢之下，安有完卵？

最重要的，还是和平。

## "花子军"

长春战役能够和平了结吗？

甩掉了饥民的包袱，长春守军的日子并没有改善，军队也缺粮了。

民居的粮食搜刮已尽，军事仓库囤积的粮草日益减少，军人的日常供应缩减了。团以上军官还可以吃大米白面，营连排军官就得掺杂玉米高粱，至于士兵嘛，能吃上豆饼就不错了！那豆饼是黄豆榨油以后留下的渣子，喂牲口的，如今拿来供应军人？

当兵吃粮。这是中国的老话。当兵也是职业，也得有津贴待遇；当兵就是卖命，吃的要比百姓好。这世上有饥民没有饥军，军人手里有枪，有枪就能抢粮，不给粮就哗变！

蒋介石当然知道其中厉害，千方百计给长春守军供应粮食。陆路被封锁，那就空投。巨大的运输机飞临长春上空，投下大包大包的粮食。空投不准确，这粮包掉在谁的头上，谁就能吃饱。于是就出现了抢夺粮包的现象。

同一个城池的战友，如今成了争抢粮包的对手，这还能并肩战斗吗？长春最高司令官郑洞国下令：由长官部统一接收空投，再分配各部队。这办法看来公平，可惜执行不好。掌握粮包分配的军需部门，正好有了贪污的权力，要想领粮食，拿金条来换！

军官变成奸商，这部队还能打仗吗？

长春守军不断出现怪异的现象。两个军长奉命去总部开会，新7军军长坐着吉普车去，60军的军长坐马车去。新7军连长以上都有吉普车，60军只是军部有两辆旧车，还缺少汽油。

城中两军待遇不同，新7军是中央军，60军是杂牌军，郑洞国的总部设在新7军防地，总部的屯粮仓库也在新7军防地。说是两军公平分配，实际上新7军大米白面，60军高粱米豆饼，总量还减发百分之五十。

## 第六章 兵临城下

连饭都吃不饱，就别提穿衣了。60军从炎热的南方一下到了寒冷的北方，全军没有配发棉衣。眼看入冬了，官兵们冻得打哆嗦。新7军嘲笑60军是"花子军"，穷得像叫花子。60军官兵也反感中央军，除了曾军长一人同新7军军长一起开会，全军上下都不搭理新7军。新7军的士兵容开业是广东人，还偷偷跑到南方军队60军这边。

并肩守城的友军，如今互相挖墙脚，这还能协同作战吗？

60军官兵对中央军的牢骚越来越多，曾泽生听了也不批评，部下说的都是事实，老蒋确实不拿杂牌当自己人。中央军骂60军不可靠，你们184师前两年在海城投共了！曾泽生告诉部下，那事不怨我们潘朔端师长，那是东北长官部逼的。

长春同云南的邮政联系也中断了，官兵无法同家人通信，只剩下无线电报，一天发不了多少字。曾泽生不得不以60军的名义发电，请云南日报向家乡父老解释。可越解释家人越惊恐，难道人已经死了长官瞒着？

长春城里的军心混乱，及时传送到城外。解放军要的就是这个效果，不能激起民众骚乱，那就设法策动军人哗变！

共产党的挖心战术，在长春运用得淋漓尽致。中共东北局成立长春工委，不只是围困长春，还在渗透长春。

第一次攻打长春，东北社会部部长邹大鹏潜入下水道，秘密进入长春城里侦察。

173

现在是第二次围困长春，长春工委专门设立情报站，站长是延安来的红色福尔摩斯布鲁，现用名陈泊。长春城里布下秘密网络。郑洞国的随从秘书王大我、警察局保安大队分队长阮守一、国防部二厅长春情报站少校李仲三，很多国民党官员都是共产党的秘密情报员。

林彪担心强攻坚城损失太大，情报员把长春的地下管道图偷了出来，攻城尖兵可以从地下潜入城内。

东北抗联的杨靖宇和陈翰章两将军被日军抓捕杀害，两个人头就收藏在长春医学院的库房，楼上驻扎着国民党的骑兵旅。秘密情报员秘密行动，把装着烈士头颅的两个大玻璃瓶偷运出来。

戒备森严的长春，到处都有共产党的传单，《告国民党官兵书》摆上国军首长的办公桌。

## 总统手迹从天而降

共产党的挖心话，曾泽生也听见了。

国民党重视滇军工作，共产党也重视，但是两党做法不同。

共产党是全党全军统一联动，从云南到延安到东北，调动所有滇籍党员共同做滇军工作，毛、朱、刘、周，中共四大领袖亲自接见，具体部署。

国民党笼络滇军大多是表面文章，云南给卢汉个省主席，夺

## 第六章 兵临城下

了军权;锦州给卢浚泉个副司令,有职无权;长春给曾泽生个副司令,有兵无粮。

让你在东北打内战,就是置之于死地,长春正是这死地!困守长春的60军只有两种前途:置之死地而后生,或是灭亡。大家当然都盼望生而不是死。只是,这生,又有两种前途:或是消灭共军而生,或是投奔共军而生。

消灭共军已经不可能了,饿得没有力气作战了。那就开城投奔共军?

对于滇军的军人,当年抗日是在中国和外国之间选择,那十分容易,保家卫国嘛,宁死不屈!可是,在中国的国共两党之间选择,这就两难,两边都是中国人,谈不上卫国大义……

长春的守军还在纠结,时间已经不肯等人。

1948年9月12日,辽沈战役打响,东北解放军主力南下锦州地域作战。9月16日,济南战役打响,华东解放军围攻坚城。全国战场的形势表明,国共之间的大决战开打了!

兵临城下的长春,这时也饿得撑不下去了。

赴越受降时可以说是一支强军,到东北打内战就衰落成弱军,困守孤城长春,那就是师老兵疲。久经战阵的曾泽生分析,60军的面前只有三条路:

一是死守长春。内无粮草,外无救兵,这是困守孤城的必死之局。

二是突围去沈阳。孤军突出，兵无斗志，这是最容易遭受伏击的必败之路。

三是反蒋起义。这是唯一的生路，可实施起来也有风险。

老蒋对滇军早有防控措施，长春守军是两军互相制约，中央嫡系的新7军绝不会轻易倒戈。国民党驻长春的军警宪特组成联合机构"特秘处"，已经抓捕两千多人！就是60军内部也不可靠，参谋长徐树民、政训处主任姜弼武都是中央派来的监军大员，他们手下还有60多特务，散布在各师司令部。

军队主官，一身系得全军安危。曾泽生不能让自己的思考形之于色，不能让任何人看出破绽。

曾泽生不知道，60军内部其实还有起义的依靠力量！

共产党地下支部从1938年起就在这支部队活动，十年经营，已经在基层官兵有了基础。可是，去年张冲来东北公开号召滇军起义，蒋介石立即严令东北滇军清洗张冲旧部！曾泽生不得不让爱将杨重回云南避风头，于是，60军地下党支部的三名领导如今只剩孙公达一人了。

地下支部已经能够掌握一个团，545团的副团长是秘密共产党员。可是，这范啸谷在吉林出击时遭遇伏击牺牲。地下共产党员被解放军的子弹打死了，这就是潜伏者的悲剧。范啸谷死了，支部书记孙公达决定，设法把赵国璋调到这个团。

赵国璋早就是地下党的关注对象。1935年，滇军地下党员

## 第六章 兵临城下

杨重在云南讲武堂任教，相中几个培养对象，青年军官赵国璋正直上进，没有任何兵痞的恶习。由于工作调动，杨重没有来得及发展赵国璋入党，但是，这个关系一直保留。到了东北，杨重发展了范啸谷，又亲自介绍赵国璋入党。从国军60军到解放军50军，赵国璋长期在这支部队任职，始终不忘老战友。1949年后，赵国璋到云南寻找范啸谷遗属才知道，家乡以为范啸谷是反动军官，家属都抬不起头来。赵国璋为范啸谷遗属争得烈士家属待遇，又到东北找到范啸谷的墓地，当年国军部队立下的墓碑，如今刻上共产党员。

通过陇耀的关系，赵国璋接替范啸谷任副团长。孙公达同城外解放军秘密联络，545团随时准备起义。

孙公达和赵国璋不知道，上级确定的起义目标不是一个团，而是一个军。从中央到东北，高层工作正在争取曾泽生。

争取曾泽生的，还有曾泽生的最高上级。

正在这时，军长副官乔景轩送来一封空投信件——总统来信！

曾泽生拆开一看，居然是蒋介石手迹！

蒋介石表扬曾泽生从吉林撤退到长春是东方敦刻尔克！

那敦刻尔克大撤退，可是英法联军突破德军封锁的杰出战例啊！

蒋介石又给曾泽生指了一条路：敦刻尔克式的长春大撤退！

这就让曾泽生尴尬，这长春撤退明明是此路不通啊！

令人惊喜的是，这封信没有再打官腔，这位最高长官还称呼曾泽生为兄。

称兄道弟，这说明委员长不拿自己当外人？

领袖手迹珍贵啊！曾泽生特地布置乔景轩：你去找长春城里最好的古玩商陈古陶，裱糊珍藏！

# 第七章 一个军和一个城的惊险命运

☆

天晴了！

愁云惨雾的长春城，终于盼来阳光。副官乔景轩打开军长的文件箱，晾晒曾泽生的私人收藏。

曾泽生贵为军长，并不贪财，所有的私人物品从印章到来信，都由副官保管。

这是军长夫人李律声的来信，军长件件都留着，不时拿出来翻看。

这个卷轴更珍贵，裱糊着蒋介石的亲笔来信……

"这个，烧了吧。"

军长的吩咐把乔景轩吓了一跳，前几天布置我珍藏，今天为何要烧掉?

乔景轩看到的细节无比重要,这意味曾泽生正在做出重大决定!

## 三个将领的艰难抉择

到了1948年9月,曾泽生的60军,已经在长春城里困守6个月,弹未尽而粮已绝,濒临不战而死的绝境。

全国战场的强弱之势已经逆转,过去是国军强共军弱,现在是共军强过国军。东北的国军被围困在长春、沈阳、锦州三个孤立城市,共军想打哪个就可以先打哪个。而且,曾泽生的长春距离关内援军最远,防线最孤立,被歼灭的可能性最大!

在这种严酷局面下,曾将军何以自处?

战而死,还是降而生?这是军人的最终难题。

军人的最高品德就是忠勇,宁愿战死,决不投降。可是,军人也是人,是人就不能白白送命。何况,曾泽生不是普通军人,曾泽生还是军长,军长不但要面对个人的生死,还要决定全军数万官兵的命运。

对于自己统领的60军,曾泽生感情极深。自从1937年60军创建,曾泽生始终没有离开这支部队,1085团的团长,184师的师长,直至全军最高的军长。曾泽生衷心期望这个军走向强军,

## 第七章 一个军和一个城的惊险命运

可眼前的部队正在走向衰弱,走向灭亡。

导致60军悲剧命运的,不是别人,正是60军服从的统帅蒋介石。

出滇抗战时60军有三个师,回云南防御时被老蒋挖走了183师。到东北又少了个184师,老蒋见死不救逼得这支部队投奔共产党了。现在60军名义上还有三个师,可那暂编52师是中央军临时配属,那暂编21师在内战中折损大半,只有182师还算完整,其实全军的实力只剩一半了。

这60军虽然也属于国军系列,可说到底还是滇军,从官到兵都是云南乡亲,你曾军长必须对属下三万云南子弟兵负责到家!

曾泽生是个职业军人,军人,忠勇二字是必须的。忠于国军统帅,曾泽生把蒋介石来信裱糊珍藏。忠于滇军父老,曾泽生又必须背弃老蒋。

烧掉老蒋来信,乔景轩又奉命请两个师长来开会。

两个师长?60军现在有三个师,为何漏掉那暂编52师的师长李嵩呢?

乔景轩知道,那暂编52师由交警部队改编,是杜聿明派来监视60军的。可182师师长白肇学和暂编21师师长陇耀就不同了,这两个彝族将领是云南王龙云和卢汉的亲属圈子,就是军长下令也要经由这两人首肯。

一个军长，两个师长，三将领聚首秘议。

曾泽生向两师长挑明：现在60军面前只有三条路：守城困死，突围被歼，起义求活。陇耀当场表态支持起义，从女儿到部下都有共产党，早把陇耀说通了。陇耀其人，号称滇军的"人事处长"，在滇军将领中很有影响力。有了陇耀的态度，曾泽生放心一大半。

没想到，白肇学不同意起义！这个上过黄埔军校的滇军将领，还是认为蒋校长是国民党正统，军人不能背叛。

陇耀主张战场起义，白肇学宁愿解甲归田，两人争到午夜，还是没有结论。

三个师只有一个赞成，反对的182师又是主力，这局面让曾泽生不敢动手。这一犹豫，9月22日的起义时机就错过了。

两天后的9月24日，解放军攻克济南！防守济南的吴化文军阵前起义，为解放军攻城让出一个口子。里应外合攻克坚城，济南成为全国战场的示范战例。

济南的现在就是长春的未来！难道60军等着解放军围歼消灭吗？自从陷入围城，曾泽生的强军梦就被现实击碎。别说强军了，能保住这支军队就不错。

对于一支部队，起义和被歼的下场截然不同。被歼灭，军官进俘虏营，士兵遣散，整个部队就消失了。起义，部队可以保留建制，官不去职，兵不遣散。曾泽生无论如何也要保住自己的

## 第七章　一个军和一个城的惊险命运

60军，保住这支滇军的精锐之师。

这一日，曾泽生一定要做通白肇学的工作。

两个黄埔军校的校友促膝谈心，谈谈军人的忠节观。当年，袁世凯在辛亥革命之后又复辟帝制，还是我滇军首先发起护国起义，那老袁的皇帝只当了八十三天。今年，蒋介石在排除反对党的情况下召开国民大会，自己当了总统，这总统怕也当不了几天。那老蒋不再是我们的校长，他是袁世凯第二啊！我们军人的宗旨是保家卫国，没有义务为独裁者卖命啊！

9月26日，一个军长和两个师长，三员带兵将领终于达成一致——起义！

9月27日，三人商讨起义的具体步骤，又发现难以解决的问题：家属怎么办？

60军从南方调到东北，蒋介石借口战场危险，要求60军把军官家属安置在北平。北平是云南都赶不上的大城市，曾泽生等将领还在城里安家置业，有了私产。殊不知，这就把自己的家属置于中央军的控管之下，无形中就是人质！

北平怎么办？北平还在国军手中，你男子汉在长春起义，你的妻子儿女在北平被抓？云南怎么办？60军是滇军主力，老军长卢汉当云南省主席的看家老本，你军队在长春起义，你的老家云南被老蒋抄后路？

出征万里总有家,你大将军可以率队战场起义,可你无法解决家的问题啊!

10月1日,三人又密商如何反制老蒋。

60军内部并不一致。暂编52师师长李嵩和属下的三个团长,都来自中央军。你60军起义,这个师可能反起义,举枪相向!

60军内部有多少特务?军参谋长徐树民和军政治部主任姜弼武都是老蒋嫡系,他们属下还有政治部、军法处等60多个特务分子。若要起义成功,必须先下了这些人的枪!

10月2日,三人又商议如何对付新7军。长春城由60军和新7军各守一半,60军装备不如新7军,没有力量吃掉新7军。若要起义,必须瞒过新7军的三万人马!

算起来,两个师的起义部队,要对付四个师的反起义部队,如何以弱胜强?

曾泽生是个慎重出战的将领,不战则已,若战必胜。可若是没有取胜的把握,那还能出战吗?

## 两个城市同步开动

曾泽生没有料到,自己的犹豫,险些断送60军的前程。

9月30日,新华社发布毛泽东撰写的社论,庆贺济南解放:

## 第七章 一个军和一个城的惊险命运

"任何一个国民党城市都无法抵御人民解放军的攻击了!"

解放战争进入决战阶段,解放军的战斗力已经由弱变强。过去是围城打援,现在可以直取坚城。华东解放军可以拿下济南这样的坚固城池,那实力更强的东北野战军为何不能攻克沈阳锦州长春!

手握重兵的林彪,开始选择自己的攻城目标。

9月12日南下北宁线,刀锋直指锦州。10月2日林彪又犹豫了,发报毛泽东,要求北上先打长春!

曾泽生9月22日的犹豫,林彪10月2日的犹豫,很可能改变60军的命运。先打长春,曾泽生的60军将从中国军旅消失,而卢浚泉的93军将退往云南老家的方向。先打锦州,卢浚泉的93军消失,而曾泽生的60军有了新生的机会……

林彪的犹豫相当短暂,10月2日当天就恢复决心,还是先打锦州。

曾泽生的犹豫也相当短暂,自9月22日以来,一直密谋起义行动部署。

但是,蒋介石不允许你犹豫。10月4日,长春守军最高司令官郑洞国召开两军作战会议,下令出击!蒋介石判断,东北解放军的主力正在南下,长春方向兵力空虚,正好乘机突围!

困兽犹斗,何况两支能征惯战的主力军。新7军派出主力新38师,这个师在中国远征军战功赫赫,连外国都去得,难道出不得长春城？

可惜，能打得了外国强军，打不过中国的人民战争。新38师出城就遭遇阻击、伏击、游击，狼狈不堪。

郑洞国要求曾泽生出兵支援，曾泽生比新7军军长李鸿聪明，只派一个团出城。冲锋号吹得震天响，士兵趴在地上就是不动，饿得腿都浮肿了，哪有力气冲锋。

曾泽生的应付性出征，气坏了赵国璋。

都到什么时候了，你不但不起义，还要与解放军作战？

中共策反60军的工作，为防泄密，上下隔绝。曾泽生由解放军高级敌工部门直接联络，潜伏在60军内部的党支部在基层秘密活动，不接触高级军官。545团是秘密支部掌握的力量，眼看曾泽生犹豫不决，副团长赵国璋和团长朱光云商定：545团10月9日率先起义！

赵国璋拟就起义作战计划，派交通员出城给解放军送信。可是，这个交通员在城门被特务查获！一旦密信泄露，不但545团，连整个60军都危险。幸亏这阎启铭英雄，一口吞下密信，打死也不说。赵国璋不知道曾泽生正在筹划全军起义，如果一个团贸然行动，反会干扰大局。上下不通，阴差阳错，半年前的营口起义曾经出现这种状况，反而导致秘密力量的损失，推迟了起义进程。

丢了锦州，怕了长春，长春城的守卫格外严密。城内的交通

## 第七章 一个军和一个城的惊险命运

员无法出城,城外的围城指挥部心急如焚。一方面设法争取60军,一方面抓紧反突围部署。只要再坚持十天,拿下锦州的东北野战军主力就可以回师北上,那时打长春就是瓮中捉鳖。

长春城外,萧劲光等围城将领,整日琢磨城中动态。

长春城里,曾泽生等守城将领,也在寻找出路。

10月10日,新7军军长李鸿来访曾泽生。第二天,曾泽生回访李鸿。乔景轩诧异,两个从不来往的军长,现在居然交往频繁?

听下来又没有名堂,两个军长见面,只是相互打听一下部队的状况。都说没有力量出击突围了,都不说还有起义的活路。中央军和滇军隔阂很深,到了生死存亡的关头,还是不能协同作战。

不过,曾泽生还是摸到对手的底牌,新7军军长李鸿和暂编52师师长李嵩,那两李都是心无斗志。那么,自己率先起义,大概不会遇到强力反抗。

10月13日,曾泽生决定采取行动。行动之前,先要派遣两个联络员出城。谁能与解放军沟通呢?曾泽生选中那两个被解放军释放回来的校级军官,张秉昌和李峥先。

10月14日清晨,两个联络员悄悄出城。同日同时,长春南方的锦州城被炮火笼罩,解放军发起总攻!

历史就是这般巧合,长春起义和攻克锦州,同步开动!

189

曾泽生派遣联络员出城时约定，15日早晨返回。可是，等到16日中午，两个联络员还没有回来。长春城里惴惴不安，陇耀和白肇学不停地给曾泽生打电话，解放军是什么态度？

原来，张秉昌和李峥先14日出城后，到穷岗子找到解放军东北军区前方办事处，办事处敌工科长李竞看到曾泽生、陇耀、白肇学三人签名的重要信件，于15日上午骑马奔向东北野战军第一兵团部。此时，办事处主任刘浩正在兵团政治部，潘朔端正在兵团司令部，两人研究信件，潘朔端判断确实是白肇学亲笔书写，曾泽生等三人亲笔签名也是真的。

60军终于决心起义了！负责策反工作的兵团政治部十分振奋。这时，兵团司令部又传来绝密情报：蒋介石下令长春守军突围！

兵团副司令勃然大怒："这封信连章都没盖，是个骗局！"假称起义，让解放军让开一条通路，不正好突出重围？

这种怀疑不是没有根据的，淮海战场发生过起义部队的背叛事件。1946年1月，国民党第6路军总司令郝鹏举在台儿庄战场起义，成立中国民主联盟军。郝鹏举的民主联盟军与潘朔端的民主同盟军南北呼应，在全国影响很大。不同的是，潘朔端起义后加入共产党，制止杨朝纶叛变。而郝鹏举则在起义后首鼠两端，在国民党军队大举反攻的时候又率军背叛，还抓捕军中五个解放军联络员。朱克靖，中共早期党员，北伐第六军党代表，就死在郝鹏举手里！

## 第七章　一个军和一个城的惊险命运

事实证明，有些旧军官全无信念，叛了又叛全是看风头，谁在战场上得势就投靠谁。现在解放军虽然围困了长春，但兵力并不足够，主力都南下打锦州去了，围困长春的只剩6个地方独立师和民兵。如果长春守军实施骗术拼死突围，战况还真的难料。

在这种情况下，谁能为曾泽生打保票？兵团司令部根据最新敌情，紧急讨论反突围作战计划。这时，熟悉滇军的刘浩激动地表态：愿意只身潜入长春，不惜牺牲也要弄清真相！

难题摆在兵团司令萧劲光面前。

萧劲光特意询问兵团副参谋长潘朔端的意见，潘朔端在滇军时是曾泽生的把兄弟，最了解情况。潘朔端在1946年海城起义后很快加入共产党，值得信任。

潘朔端同意刘浩的意见，曾泽生确有起义的可能。

当断不断，反受其乱。萧劲光果断拍板，同意刘浩和潘朔端的意见，跟他们去谈。

"60军愿意起义，我们欢迎！如果企图突围，我们就坚决消灭它！"

## 惊险24小时

1948年10月16日，漫长的一日。

上午，东北解放军第一兵团参谋长解方、副参谋长潘朔端、联络部部长刘浩,同60军代表张秉昌、李峥先当面谈判。也在这个上午,蒋介石下令长春守军全军突围!

中午,曾泽生突然接到总部电话通知,请军长开会!

去了就可能被扣押,曾泽生推说正在吃饭。可电话立即又来了,司令长官郑洞国亲自通话:"有紧要事,立即来一趟!"

曾泽生未免多心,是不是起义的密谋泄露了?

不去?郑洞国更会疑心。反复思量,曾泽生决定还是得去,去前打电话给陇耀和白肇学:"如果郑洞国把我扣起来,你们仍按原计划行动!"

中午。曾泽生来到郑洞国的司令部。郑洞国告诉曾泽生,锦州的通信断了!

锦州丢了?曾泽生暗自庆幸,幸亏自己选择起义了。

郑洞国当面传达蒋介石的命令:今晚第一兵团必须突围!如果迟疑,该兵团司令和军长师长都要受到军法之最严厉处罚!

这个时候说话再狠也没用,郑洞国简单地布置曾泽生:今晚开始突围行动。

曾泽生只能表态同意,但又强调:部队士气低落,突围对60军没有希望。

郑洞国没有再逼曾泽生,郑洞国自己也知道,60军和新7军都没有力量再出击了。自己找曾泽生来,不过是传达一下,传达一个无法执行的上级指令;应付上级,也是应付自己的忠诚观

## 第七章 一个军和一个城的惊险命运

念,军人总得服从上级啊。

眼看郑洞国缺乏斗志,曾泽生心生一念,是否说服新7军一起行动?

驱车赶到新7军,李鸿正发高烧躺在床上。走到门口,曾泽生又犹豫了。起义这种大事,怎能轻易告诉蒋介石的嫡系呢?

下午,曾泽生终于等回自己派出的谈判代表。张秉昌和李峥先传达了解放军围城指挥部回答的五条意见。曾泽生欣然同意,全军立即开始行动。

晚上。曾泽生亲自赶到暂编21师,召集营以上军官会议。

曾军长亲自主持讨论全军前途,军官们议论纷纷,有的说坚守,有的说突围,总是言不由衷。曾泽生反复启发,终于有一团长李树民提出起义,全场立即进入紧张气氛——这是要杀头的建议啊!

全场所有人都望着曾泽生!曾泽生在60军,还是很有威望的,许多军官都是曾泽生在军校带出来的学生,又跟着曾泽生南征北战打出来的。现在,大家也寄希望于曾泽生,盼望军长能把大家带到生路。

曾泽生表示赞成起义,这是可以走的一条路。会场顿时活跃起来,这是大家早已盼望的活路,只是需要军长亲自捅破这层纸。

陇耀立起身来,郑重地向曾泽生报告:"暂编21师全体赞成起义，请军长下令行动。"

曾泽生当即下令，全师向新7军布防。我不打他，不等于他肯定不会打我！

长春城里的南岭是控制全城的唯一制高点，驻有兵团部的炮兵阵地，炮火可以覆盖全城。副师长任孝宗带着曾泽生的亲笔密信，向少校刘锷交代秘密任务。刘锷立即率领本部的步兵，把兵团炮兵司令部的军官全部拘禁，还动员基层的炮兵官兵服从起义指挥。这个能干的刘锷，起义后升任军警卫营营长。

曾泽生接着又赶往182师，白肇学早已等待在那里。曾泽生又启发了一个多小时，还是朱光云团长首先提出起义。

当晚八点，60军的两个师完成了对新7军的布防。

只剩个暂编第52师了。

曾泽生拿起电话，亲自通知李嵩师长带三个团长来军部开会。李嵩等人匆匆来到，还以为是执行蒋委员长的突围命令。早已准备好的副官长张维鹏，带卫士下了李嵩和三个团长的枪。

至于那些特务，曾泽生指派亲信军官上门抓捕。乔景轩去抓最反动的徐树民，那家伙战时不在岗位，乔景轩把他从情妇家里掏出来。

午夜。长春城外，解放军围城指挥部来了两个60军的副师长，正式代表李佐和任孝宗。

杨滨特意点名李佐，这是60军高官中与共产党关系最近的

## 第七章 一个军和一个城的惊险命运

人物。

也是在午夜,长春城里的守城指挥部,郑洞国接到一个神秘的电话。60军暂编52师副师长欧阳午小声报告:"60军将有异动!"

60军要起事?郑洞国不大相信,今天中午刚刚见到曾泽生,他没有任何异动征兆啊!莫非是那个副师长神经过敏?

不一会儿,郑洞国就得知真相——曾泽生来信了。

17日凌晨。曾泽生赶到545团,这是60军的主力团,团长朱光云主动提出起义,曾泽生信得过。这个起义指挥部选得够准,这里也是共产党最信任的部队,副团长赵国璋是地下党员。

曾泽生到达指挥位置,亲笔给郑洞国写了一封信,劝说郑洞国起义。

解放军传达的起义五条,要求曾泽生对郑洞国和新7军布防,这意味着要求60军配合解放军歼灭新7军。

布防,曾泽生做了;对新7军动武,曾泽生不忍。郑洞国这个长官在长春还是比较公道,没有欺压60军,曾泽生不忍心对长官和同袍动武。

曾泽生不忍动武,国民党特务却忍心杀人。就在这个凌晨,军警督察处将收押的48个未决犯全部秘密杀害。加上以前处死的人数,国民党特务在长春围城期间共杀害400多人!

17日上午,郑洞国把兵团司令部从伪满国务院大楼迁到银行大楼,这里的地下金库更加牢固,足以负隅顽抗。

中午,郑洞国的代表来见曾泽生,反而劝说曾泽生"顾全大局,从长计议"。

"什么从长计议,我是反蒋起义!"曾泽生果决地说。

来人又说,作为军人,这样做并不恰当。

曾泽生早已过了这个军人忠诚关:"我们是背叛无义,走向正义!"

下午,曾泽生回到545团指挥部,见到解放军代表刘浩。刘浩上午来到545团,立即通知赵国璋,取消545团单独起义的计划,支持60军全军起义。刘浩见到曾泽生,立即回答了60军的全部要求。

曾泽生提出,部队从南方来没带棉衣,解放军答应解决御寒等所有物资。

曾泽生提出,有些云南官兵要求回老家,解放军答应发给路费遣送回乡。

最让曾泽生难办的是,解放军要求60军配合解决新7军。刘浩代表上级表示,新7军由解放军解决,60军出城后改编为解放军部队。

说实话,起义到了这个份上,曾泽生不再怕蒋介石报复,而是担心共产党会怎样对待,不只是如何对待自己个人,而是如何对待这支部队。现在好了,这支军队保住了。

## 第七章 一个军和一个城的惊险命运

曾泽生解下自己的佩枪,郑重地交给刘浩:"这是兄弟的一点心意。"

刘浩郑重地接过,心中翻腾。所有的军人都懂得,曾泽生这个动作的含义。

枪是军人的第二生命,让军人缴枪只有一种可能——投降。第二次世界大战的受降仪式,日军将领向中国受降官交出佩枪和指挥刀。

可是起义不同,起义部队不算投降,起义部队不缴枪,起义部队依然配备武器。曾泽生主动把佩枪相赠,就是一种象征性表示:呈送军权,接受指挥。

曾泽生十分感谢共产党的大度,蒋介石总是强令部下打那些不可能打胜的仗,而共产党并不强求自己做难以做到的事。只是,曾泽生当时还不知道,解放军这个决定是通天的!

东北野战军围城指挥部要求曾泽生配合解决新7军,本是作战的需要。曾泽生不愿干,就显示起义立场的不鲜明。

怎么办?策反大事,要由中央决策,东北野战军向中央发报请示。

毛泽东亲自回电:你们争取60军起义的方针是对的,一兵团对60军的分析和处置也是对的。唯要60军对新七军表示态度,不要超过他们所能做到的限度。这就是说,60军不必攻打新7军,只要把部队拖出城外就够了。

不强加于人，才能赢得更多的朋友。

曾泽生没有见到毛泽东的电报，却能感到共产党人的胸怀宽大。

这时，曾泽生又收到一封电报，93军军长卢浚泉劝说60军起义的电报。原来，解放军攻克锦州时，守城的93军师长安守仁不做抵抗，93军的军长卢浚泉成了俘虏。东北野战军司令员林彪亲自接见卢浚泉，希望卢浚泉为滇军起义和云南解放做出贡献。卢浚泉后悔啊，自己和共产党的关系，原比曾泽生更近。

看到卢浚泉的来信，曾泽生又想起郑洞国，再次电话劝说。郑洞国没有力气反驳，只是说："我是军人，要保持军人气节，不成功便成仁。"

远在河北西柏坡的中共中央，十分重视争取郑洞国。就在10月18日这天，毛泽东代中共中央起草致东北局电报，要求逼迫和争取郑洞国起义："各部对长春取威迫政策，堵塞其一切可能的逃路，暂时不攻击他，以促其变化。""你们除将恩来致郑洞国电派人送交外，林彪及萧劲光亦可写信给他，萧、萧、陈并应选派适当人员与郑进行谈判"。

## 司令官的面子

不成功便成仁，郑洞国还是有成仁的机会的。

60军起义，部队开出城外，解放军部队入城接防。这样，

## 第七章 一个军和一个城的惊险命运

解放军就同新7军隔着街道相对。肩膀挨着肩膀,这仗还怎么打?新7军上下全无斗志。

长春城里,只剩一座银行大楼,还在孤零零地顽抗。其实也没有顽抗,因为解放军根本就没有攻打这里。

第二天,黄埔一期毕业的郑洞国,接到两位黄埔老师的消息。

蒋介石校长严令:长春守军18日突围去沈阳。

周恩来主任来信,劝说郑洞国起义。

郑洞国拿着两份指令,左右为难。蒋校长的突围指令无法执行,新7军被围困在长春城里,就像等待宰杀的羔羊。

郑洞国十分尊重周恩来这个黄埔军校的政治部主任,可是,郑洞国又不肯起义,不能落下背叛的名声啊!

这时,有个记者假传圣旨,冒充郑洞国下令新7军起义。新7军巴不得这声号令,立即放下武器。于是,银行大楼里的郑洞国,真的成了孤家寡人。

解放军包围银行大楼,炮口直指大门,但就是不开炮。周恩来指示,要争取郑洞国战场起义,带动国民党军队的黄埔系。

地下室里的郑洞国,又接到杜聿明从沈阳发来的电报,说是打算派飞机营救。哪里还能飞?现在就是变成飞鸟也逃脱不了!郑洞国向杜聿明发出诀别电报,表示要自杀成仁。

20日,全天,长春城里没有任何枪声。解放军不发一枪,等待郑洞国的觉悟。郑洞国也在等，不知等待什么。

21日凌晨，郑洞国再也等不下去了，拔出手枪，作态自杀。早已准备好的卫士立即抱住司令官，夺下手枪。接着，卫士向天开枪，楼外的解放军也打了几枪。

卫士向司令报告："我们做了最后的抵抗，只能放下武器。"

郑洞国无奈地表示："我不起义，我算投降。"郑洞国认为，起义是背叛，投降是无力抵抗而放下武器，不涉及名节。

其实，按照相关政策，起义的待遇要比投降好。

郑洞国放下武器走出银行大楼，还不忘提出一个要求，要我去解放区可以，不要照片见报。

一场好戏演下来，从卫士到解放军战士，全是为了顾全郑洞国的面子。这面子理应尊重，军人有军人的性格，荣誉高于生命。

一个军的起义，带动一个城的解放。毛泽东从西柏坡发出电报祝贺，祝贺"曾泽生将军起义"，"郑洞国将军投诚"。这"起义"和"投诚"的分别相当精确，褒奖了60军的功劳，也照顾了郑洞国不肯起义的要求。这"投诚"又比"投降"好听，照顾了军人的自尊。

军人出身的蒋介石，当然了解军人性情。熟悉军人的蒋介石屡屡玩弄跑码头的手腕，却最终失去军心。

中共领袖充分尊重对手的人格，平等相待，却赢得滇军的人心。曾泽生战场起义，长期担任有军权的军长。郑洞国战场投诚，后任全国政协常委，嫡孙郑建邦现任民革中央副主席。就是被俘的卢浚泉，也得到解放军的礼遇，后来还为云南解放出力。

长春起义，最高兴的还是滇军官兵。潘朔端乘坐敞篷吉普车，率先冲进城里，被特务的冷枪打穿衣袖。地下党员赵国璋扬眉吐气，主动接管郑洞国的指挥部。刚到银行大楼就看到花岗石墙壁上的枪眼，说明这里发生过并不激烈的战斗。进入大楼，收缴了一些残留的武器和文件，又意外地发现两头奶牛。

奶牛？这就是说，在饥饿的长春城里，还有国民党的高官在喝着鲜奶。赵国璋气愤难平，这样的军队不垮，天理难容！

## 第一次吃上革命饭

60军部队两万六千人出城，受到群众的热烈欢迎。老百姓不但不怕这支部队抢粮食，还给部队送菜送饭。

第一兵团参谋长解方会见曾泽生，两人都当过旧军官，解方是东北军的，曾泽生是滇军的。曾泽生承认自己觉悟太迟，解方宽慰曾泽生："革命不分先后！"

围困长春的解放军第一兵团设宴，欢迎防守长春的国军第一兵团起义，两个兵团的首长共席而宴，曾泽生端起饭碗感叹：第一次吃上革命饭!

众人会心而笑。军旅有话:当兵吃粮。职业军人,向来以军事为职业。现在不同了,解放军是革命军队,职业军人变成革命军人了!

不仅是60军有粮可吃,长春城的老百姓也有了粮。长春开城,解放军当天就把铁路修通,当天就调入大批粮食,长春城里的饥荒一夜消失。

这就是战争!从围城到开城,长春城经历多少人间大戏。

从锦州到长春,从东北到华北,一场改变中国命运的大决战打响了!辽沈战役是三大战役的开端。武力攻克锦州,和平拿下长春,两种战法同步推进,随之又实现沈阳的不战而胜。

长春起义是长春之幸!长春城里还有个电影制片厂,长春的电影制片厂当然重视长春起义。《民主东北》第九集,记录了曾泽生、陇耀、白肇学与萧华、潘朔端、马逸飞会见的情形。这个军和这个城的故事实在精彩,作家白刃采访曾泽生等多位60军官兵,长春电影制片厂又摄制了故事片《兵临城下》。

60军长春起义,不是最早的也不是最大的起义,可是,这一个军和一个城的惊险故事,却最多地进入了影视界。

中国人民解放军在东北探索的特殊取胜途径,在平津战役中再次实践,毛泽东概括为武力强攻的"天津方式"与和平解决的"北平方式"。随着中国人民解放军实力的增长,北平方式的应用

长春和平解放后的郑洞国(中)

## 第七章 一个军和一个城的惊险命运

越来越多。

这场大战不只是斗智斗勇,还在竞赛胸怀,谁的胸怀宽广,谁能赢得人心。得民心者得天下,得军心者得胜利。解放军的策反艺术,就是现代的化心大法。能够进入这样的革命军队,堪称60军之幸。

解放军首长林彪、罗荣桓、刘亚楼,宴请60军起义将领曾泽生、陇耀、白肇学、李嵩,也把被俘的郑洞国、范汉杰、卢浚泉请来。陇耀看到卢浚泉穿得单薄,马上把自己的军大衣脱下来给老长官披上。都是滇军,只是一个在长春起义,一个在锦州被俘,现在处境就差这么远!

东北滇军有过三次选择:184师潘朔端率先起义,所部升格扩编;93军卢浚泉临局迟疑,全军覆没;60军曾泽生临渊转向,部队得以保全。

从长春围城到长春开城,历史的机遇转瞬即逝。

抓住机遇,才能免于历史淘汰。

# 第八章 整训成军

☆

吉林九台，一个面积很大人口不多的小镇。

这些日子，九台来了一支奇怪的部队。说是解放军吧，可又不像，上街买东西不给钱，还到老百姓家里偷东西。驻扎九台时间不长，已经杀了上千头猪，抢了上万只鸡，当地干部出面干涉，当兵的把干部绑起来打！

怎么看这支部队都像国民党，老百姓纷纷向政府要求，把这支部队调走吧！

这支部队的首长也不安生。贵为军长的曾泽生，一生都在夹缝中生长，在国军系列时60军是杂牌，杂牌部队的命运常常被找碴收编甚至被遣散。现在，60军背弃旧主，进入共产党的阵营,千万不能惹事啊!

就在这时出事了:暂编52师一团四连有个排长带队出逃,还把共产党派来的指导员绑架了!

这让曾泽生担心,解放军会不会因此把60军编散了?

## 授名50军

1949年1月2日,九台小镇成了大兵营。三万多军人,从四面八方聚集而来,整齐地列队。大炮、机枪、军马,阵势真大。

授名典礼大会!

东北军区副司令员周保中宣读中国人民解放军总部命令:将国民党陆军第60军,正式改编为中国人民解放军第50军。原182师、暂编21师、暂编52师,命名为50军148师、149师、150师。任命曾泽生为第50军军长,徐文烈为政治委员,叶长庚为副军长,舒行为参谋长,王振乾为政治部主任……

宣读命令后,曾泽生军长、徐文烈政委代表全军接受称号。

周保中、曾泽生、徐文烈分别讲话。这三人的讲话,全军官兵都能听懂,三个首长都是云南人啊。

曾泽生带领全军官兵宣誓,从此,这支部队就效忠中国人民的革命事业了!

在全军官兵的欢呼声中,大会通过致毛主席和朱总司令的通电。

## 第八章 整训成军

中国人民解放军第50军诞生成军！

此前，中国人民解放军总部刚刚发布改编命令，全军各部队统一编制，将各战区的野战军编为第一、第二、第三、第四野战军，将各野战军的"纵队"改称为"军"，全军先后编有70个军。解放军这支革命军队，正在努力实现正规化。

在全军中，50军的授名可能是最早的。战事匆忙，许多部队还是沿用"纵队"的称呼，来不及履行授名程序。可这支部队的授名不能拖，起义部队不能沿用国民党军的旧番号啊。

解放军有了50军，这个消息很快传回云南，这个军出自滇军啊。就在50军在东北成军的同时，云南也诞生了一个新的军——"云南人民讨蒋自救军"。

那是1946年初，中共云南工委的2号领导侯方岳潜到重庆，向南方局书记周恩来汇报工作。周恩来同侯方岳谈了三天三夜，回顾了中国革命的历史经验。周恩来说，自己这些从欧洲回来的共产党人，学习苏联经验，在城市搞武装暴动，但是没能成功。还是毛泽东和朱德上了井冈山，开辟了农村包围城市的成功道路。现在进入全国解放战争，要总结两条道路的经验教训，在城市里大力吸收进步知识分子，再组织党员骨干下乡在农村搞武装。这样，就把城市的人才优势和农村根据地优势结合起来。

云南工委立即开始抓武装，1946年在省政府警卫营建立秘密党支部，1947年7月成立特别小组，由1号郑伯克领导，1948

年3月提出"在敌人心脏里烧锅煮饭",9月组织敌工小组伏击国民党军队,12月成立统战小组对卢汉开展工作。

东北和西南,相距万里却相互呼应。

1948年10月,滇军60军长春起义,滇军93军锦州被歼灭。11月,云南的卢汉收到幺叔卢浚泉的亲笔信件。原来,被俘的卢浚泉得到共产党的礼遇,来信劝说卢汉在云南起义。

卢汉立即把带信人李焕文委任为省政府警卫营营长。这个卢汉身边的警卫部队,排除了国民党特务,却吸收了共产党人。

1948年12月8日,龙云从南京出逃香港。1949年1月2日,60军改编为50军。云南和东北的行动似乎在互相配合。

蒋介石电告卢汉:曾泽生在长春率部投降!

卢汉赶紧复电:曾泽生叛变事已知。

蒋介石这封电报实际是在警告卢汉,你云南不准跟随长春!

光是警告不管用,蒋介石又采取实力行动,急调第8军进入云南。加上原驻的26军,云南就有了两个蒋介石的嫡系军,实力远远超过只有些地方团队的卢汉。

接着,蒋介石又指令卢汉镇压云南的共产党!这是一个检验,你卢汉不肯杀人,就证明你通共,中央就要改组云南地方政权。

1949年2月12日,昆明出事了!中央银行宣布停止使用50元面额的金圆券,昆明市民赶紧去银行挤兑,可中央银行昆明分行拒绝回收!多年的积蓄转眼间就泡汤了,群众越来越愤怒,开始冲击打砸银行。

军警立即前来弹压,当场抓获一百多人。

云南省政府主席卢汉得知紧急状况,立即赶到南坪街现场。

银行门前摆着桌椅案台,恭候省主席现场断案。

卢汉连椅子都不坐,就站着开审。卢汉的审问相当平常,就是问问你是哪里人,家中还有谁。几句话问完,右手一指就枪毙,左手一挥就放人。副官杨治华看得心惊肉跳,几个官员上前相劝,卢汉谁都不听。

立审立决,一根烟没抽完就枪毙21人!

杀人魔王卢汉,当场镇住闹事民众。

举国震惊!中共新华社向全国广播,点名警告杀人犯卢汉!

蒋介石这就放心了,手上染血的卢汉想通共也通不成了。

云南"二一二惨案"的消息传遍全国,也传到东北九台。老军长卢汉被共产党宣布为战犯!现在正在共产党领导下的50军的前滇军官兵,不禁心头战栗。

滇军和共产党打了二十多年,哪个军人手上没有共产党人的血?

## 在起义干部身上下功夫

解放军也料到这个问题,一支军队起义投诚,并不代表这支部队的每个军人都心悦诚服。

50军授名典礼之后,师团各级也要举行授名典礼。政治干事艾维仁筹办447团的典礼,恭恭敬敬地挂上毛主席和朱总司令的相片。转身再去贴标语,回来时却看到——毛主席的嘴和朱总司令的眼睛都被挖掉了,一个云南兵正在往相片上吐唾沫!

艾维仁义愤填膺,上前抓住那家伙。周围的大兵立即起哄:"打啊!谁不打谁就是龟儿子!"

这起哄非但没有激怒艾维仁,反而使艾维仁冷静下来。从老部队调来的时候,组织上反复交代,要做好新部队的工作,先要给士兵一个好榜样——八路军干部不打士兵!

艾维仁的冷静和宽容,镇住了起哄的士兵。东北滇军早已是解放军的手下败将,仅剩的一点儿文化优越感也很快丧失——解放军的干部不一般!

新来的解放军干部,很快摸清这支部队的政治思想情况:"在长期的反共反人民的反革命教育下,部队中的反苏反共仇视革命的思想相当浓厚,对革命毫无认识。据不完全的材料,起义后,仍试图逃跑的尚有2500多人,企图叛变的有500多人,企图杀害政治干部的有480多人,不愿革命的是大多数。"

军队是讲究传统的,一支千锤百炼的部队,已经形成自己的军魂。从60军到50军,不是走出城门那样简单,不是更换旗帜就能了事。

## 第八章 整训成军

蒋介石也非常重视军队，只是重视夺取和掌握军权，却忽视了建军。地方军队编入国军多年，还是被看作杂牌；这些杂牌军也各搞一套，一再起事。

共产党向来重视建军，有人民军队的根本宗旨，有党领导军队的基本原则，有一套完整的建军制度。这样，共产党就能够化敌为友，化友为我，把一支支起义部队变成钢军劲旅。

对待起义部队有何妙招？中共中央确定方针："对起义部队实行彻底改造，使之成为人民军队。"

改造？这个词许多人不喜欢听，这意味着我原本不好，需要改造才能变好。其实，在共产党内部，改造是个常用词，连朱德这样的总司令，都在自觉自愿地改造思想。

50军也得改造了，共产党要改造一切，不管你愿意不愿意，主动还是被动，你必须参加改造。

如何改造这支部队，50军首任政委徐文烈还是颇有心得。

自从60军184师海城起义以来，徐文烈就在这支部队做政治工作，又积累许多实践经验，总结出《民主同盟军一年来的改造工作》。地下党支部曾在"滇军概况"中这样评价60军：部队战斗力是很好的，但高级指挥官太差。内部有特务组织、封建团体，部队群众纪律很差。

九台整训开始了。整训是所有军队都熟悉的语汇，在作战间隙，军队总是要休整和训练，以恢复和提高战斗力。共产党的整训更有深度，整训的内容主要是整风和建军，整顿军队内部的不良风气，健全军队内部的各种制度。1946年民主同盟军的整训，又称民主改革。对于起义部队，这整训其实就是一种改革，改革军队的制度，从旧的国民党军队制度改为新的人民军队制度。

军队的改革有个尖锐的安全问题，军人的手里有枪，弄不好就会出人命！此前的起义部队已经出现多次军人哗变，184师石人车站哗变杀了二十多个解放军派来的政工干部。

上级给50军调来一批政治工作干部，可是人数太少，往往是一个连队只能分到一个。这个指导员到了连队，就有积极分子悄悄汇报，反动分子要暗杀你。调到50军的干部，睡觉枕头底下压着手枪。

徐文烈这次到50军任职，立即改编军部的警卫营。60军里早有地下党支部，熟悉所有官兵的表现，现任军警卫营营长刘锷思想进步继续留任，分队则由海城起义的官兵补充。这样，军部就能防范国民党潜伏特务的暗害。

整训的重要任务是干部问题。徐文烈提出调配干部计划，对60军进行环环相扣的组织调整。1月29日，50军在九台召开全军团以上军政干部会议，全军团以上单位重新编组司令部、后勤部，同时建立政治机关。

前60军的中高级军官，送到齐齐哈尔的东北军政大学集训，军官家属组成女生大队。60军原有旧军官2714名，中将1，少将5，上校25，中校59，少校210，上尉402，中尉604，少尉884，准尉524。这次抽调约2490名军官集训学习，又个别清理了108名。李嵩师长来自中央军，过去杀过许多共产党人，不能再让这样的将军掌握军权。

基层也要掺沙子，从老部队调干部。解放军自称新型军队，认为国民党军队是旧军队。可国民党部队起义了就不宜再叫旧军队，于是有了"老部队"和"新部队"的说法，解放军原有的部队叫老部队，新起义的部队叫作新部队。于是，军龄很长的滇军60军，成了1949年建军的50军新部队，

老部队有义务支援新部队，中共东北局发出指示，把东北地域的所有云南籍贯的干部通通调来，又征召大批东北知识青年入伍，前后共调来各类干部406名，军3、师11、团28、营26、连136、排206，调派来的干部占全军干部的22%，50军的军官队伍有了新鲜血液。50军的兵员也不满额，又征招东北解放区翻身农民新兵5400人，这就把一省兵员变成了多省兵员。

东北的云南干部人数少，就连女干部也调来了。云南地下党的赵娥调来当团政委，为了安全不得不和男警卫员住在一个屋子。这女政委赵娥穿着南方草鞋，让属下的云南兵看着十分亲近。

老部队来的干部还是不够，东北知识青年艾维仁只有17岁

就入了党。447团所有的共产党员加起来只能成立一个团党支部，有的连队一个党员都没有。

徐文烈政委到50军工作，没有从老部队带秘书，军部的李铭珍等三个秘书都是海城起义的云南军人。这种干部当秘书，军长曾泽生也乐意接收，都是184的老部下啊。

先起义的基层官兵，经过共产党的培训，再派到后起义的部队当骨干。这种干部，你说是老部队的还是新部队的？

实践证明，滚动培养，滚动改造，效果更好。

184师的士兵浦绍林，到60军时就成了连指导员；184师的准尉林家保，到60军就是营教导员；这些起义干部的提拔速度，甚至比老部队干部还快！

这些60军本军生长的干部，在50军工作如鱼得水，都是乡里乡亲的，知根知底。

年轻的指导员浦绍林搭班老资格的连长，连长不接受改造：我又没有打过共产党！

士兵出身的浦绍林问：你打过士兵没有？

连长没话了，旧军官有几个没有打过士兵？

老年的浦绍林回忆当年，深有感触地说："共产党在我们这些起义干部身上下了大功夫！"

这功夫下得高明。一个军就像一个人，也有生命，也有基因。从本军生长的干部再回到本军任职，机体没有排异反应。

中国人民解放军第50军政治整训大会

## 军队还能讲民主？

这"改造"说来吓人，其实，实施起来就柔和得多。军政大学的学习，总是从上课和讨论开始。

上课？军官们并不生疏，国民党军队也上课，而且听课纪律很严，大家都不言不语地听着，也不知听进去没有。

讨论？军官们怎么都弄不懂，有讨赏、讨饭、讨债，怎么还有讨论？军人以服从为天职，上级发了话还有你下级议论的余地吗？不过，大家很快就习惯了这讨论的学习方式，上级尊重你下级，你还不高兴吗？

上课讨论，第一步解决的是忠诚问题，从上到下，打掉国民党正统蒋介石统帅的旧观念。

从上到下？对于起义，这从上到下很重要。旧军队讲究上下服从，一个主官就能带领一支部队起义，一个主官也能拖着一支部队反叛。对于建军，这从上到下很难行得通，职务越高越难转变思想。军政大学分班学习，校级军官队，尉级军官队，还有士兵队。解放军的学员本应一律平等，可这些起义学员不同，一到休息时间，士兵队的学员就悄悄跑到军官队，卫士要给长官洗衣擦鞋打洗脚水！

看来，这样的温和改造，还不能解决部队内部建设问题。

军官改造不容易,那就从士兵着手,抓基层是共产党的看家本事。不过,士兵的工作也不好做。滇军官兵以从军为职业,行伍出身,军龄很长,班排长打过台儿庄,士兵去过越南,那些40多岁的老兵油子,生活经历比老部队来的干部还复杂。

海城起义的184师搞整训,讲些共产党打天下穷苦人坐天下的革命道理。

窗户纸上出现一副对联:"几根穷骨头想吃天下,一个大肚皮包括古今。"

这牢骚话针对共产党毛主席,就是政治讽刺诗啊!

追查下去,原来是士兵邓惠生写的,一个穷苦人家的子弟,居然讽刺穷骨头?

兵痞不能留!将其关禁闭三天,发路费遣送回乡。

这邓惠生离开起义部队,没有回云南老家,又跑到长春再找滇军老乡,到182师当了兵。邓惠生没想到,自己逃脱海城起义,又赶上第二次长春起义。

老兵油子变成起义油子,这种兵能改造吗?

解放军学习要讲课,讲道理一般是从大到小,从上到下。先讲帝国主义侵略中国,解放军爱国反帝;再讲蒋介石阶级压迫,毛主席是人民的大救星;最后讲旧军官欺压士兵,人民军队官兵平等。可是,滇军士兵文化很低,你对比国民党和共产党,他连什么是政党都不懂。

新部队怎么讲课？徐文烈摸索出一条途径："倒过来讲。"

先不讲全国层面的蒋介石反动统治，先讲讲你的连队的等级压迫。

进入解放战争，解放军的政治工作也有创造——新式整军。新式整军的主要做法是"两忆三查"——忆阶级苦、忆民族苦，查立场、查斗志、查工作。抗日战争是民族战争，解放战争是阶级战争，现在的政治教育首先是提高阶级觉悟。

基层官兵大多穷苦出身，通过忆苦知道，自己家里穷是因为地主压迫，那蒋介石是全国地主的总头目，帝国主义又是老蒋的后台老板。现在人民军队的宗旨就是推翻帝国主义和地主阶级，把土地还给农民。军队作战的目的同士兵的切身利益紧密相连，这样的教育士兵听得懂。

50军的忆苦教育，首先从连队生活讲起。

讲上层，基层官兵没得话说，谁也没有见过毛主席和蒋介石。讲连队，大家就有说不完的话——旧军队腐败啊！

吃空饷。上报的兵员额数，有一部分是空的，实际没有人，这样，上级按员额数字下发的经费，就有相当部分被长官吞没。这是一种明显的贪污手段，可在旧军队却是通行的惯例。在滇军，一般是排长吃一个，连长吃三个，越往上吃得越多。穷排长富连长，不穷不富司务长。那暂编52师的师长李嵩，一人就吃470个空饷。从上到下这么吃空饷，部队怎么可能满员，怎么可能保持充沛的战斗力？

打人。军官打士兵，老兵打新兵，不打不成兵！旧军队里打军棍就是家常便饭，在家父母也没有这么打啊！

惩罚逃兵。最残酷的还是惩罚逃兵，从吊打到枪杀，杀一儆百。李嵩师长实行连坐法，一人逃跑枪毙一个班！陇耀当团长时的处罚不枪毙，一人逃跑把全团的士兵每人打上三板子！

军官压迫士兵，简直是惨无人道。单就杀害士兵的方法来说，就有130多种。最惨的有火烤、刀杀、活埋、开膛、破肚、抽筋、扒皮等等。

说到这些等级压迫，士兵痛哭失声，讨论会变成控诉会，控诉会变成控诉运动，士兵队跑到军官队，揪出自己的长官批斗！

军官们根本不敢反驳，心亏啊！

控诉运动唤起阶级自觉，自觉起来的士兵，打掉了旧军队的人身依附关系。士兵，不是军官的"狗腿子"，不必"认主子"，人民军队的革命战士人格一律平等。

第一次起义发牢骚的邓惠生，第二次起义成了积极分子。过去当兵投靠同乡同姓的邓团长，虽然占了便宜，但不过是团长的狗腿子。现在共产党让士兵当主人！邓惠生很快被提拔为班长，不久又提排长，穷骨头成干部了。

像邓惠生这样的调皮兵，其实最有带兵的办法，当兵的想什么他都知道。50军不拘一格，提拔了一大批这样的干部。士兵

## 第八章 整训成军

觉悟了,基层干部可靠了,部队不再有哗变的危险,哪个军官也没有能力再拖队反叛。

可是军官怎么办?军官现在看见士兵就怕,这样的指挥官怎能带领部队打仗呢?学校为了保护军官,只得把军官队和士兵队分开,背对背批评。

军官队不适宜搞诉苦,军官的生活层次本来比较高。军官的思想水平要高些,那就搞思想还家运动。

中校军官杨协中,在旧军队中也是得意角色,掌管着滇军最好的美式山炮营。杨协中出身贫苦,靠苦熬苦学挣得今天的位置,可是,杨协中在旧军队从来不说自己是穷人出身,家穷丢脸啊。

在思想还家运动中,组织上让军官写自传,谈真实情况、真实思想。杨协中这才知道,剥削可耻,劳动光荣,穷人是劳动者,穷人出身就光荣!自己本来是出身劳动人民家庭,进入旧军队才受到污染,有了吃喝赌博那些富豪坏习气。中校杨协中开始和士兵一起诉苦,诉旧社会压迫劳动人民之苦,越诉苦官兵越团结,大家的敌人是老蒋,不能让蒋介石反动派复辟封建统治!

思想还家运动,打掉军官之中的军权私有观念。

在旧军队,部队实力就是军官安身立命升官发财的本钱,哪个军官都把军权牢牢地抓在自己个人手里。到人民军队就不行了,军队是党和人民的,不是你私人的。既往不咎,中下级军官放下包袱，轻装上阵，我们也是人民军队的一员。

高级军官的学习，没有和部队在一起。

陇耀师长虽然没有挨批斗，但心里纠结。现在的部队，靠自己那一套，没法带了。属下的团长有血债，士兵要求审判，已经被扣押了。陇耀和白肇学两个师长申请解甲归田，可是上级不批。两个师长去找军长，军长离部队更远，在安东的五龙背温泉疗养院治疗关节炎。

人在五龙背，心在50军。部队官兵揭发长官的事情，不断传到曾泽生这里。心里窝火不能往外发，曾泽生记到本子里："除上级领导以及党的政策本身实属宽大外，下面一般执行者往往老以反革命的皮给我披上。"

曾泽生不服气，你解放军是革命军队，我曾泽生当年参军也是要革命的。可曾泽生又无意抗拒，旧军队这些腐败的事情，不承认也不行。共产党军队的内部建设，也符合自己年轻时的建军理想。

两个师长要走，曾泽生同意。你们离开部队也好，最低限度可以防止阻碍部队改造。可曾泽生自己舍不得离开，十年来，曾泽生亲手拉起这个军，不能让这个军编散消失！

可是，军长不离开，也不便指挥这支部队了，下面的官兵都变了。乔景轩副官劝首长："你让出兵权算了。"

曾泽生苦笑："我现在是一面旗帜。"

## 第八章 整训成军

张冲、周保中、解方、潘朔端，都对曾泽生说：旧军官算什么，我们也当过！解放军许多高级将领都是旧军官出身，朱德总司令、彭德怀副总司令、叶剑英参座、一野司令贺龙、二野司令刘伯承、三野司令陈毅、四野司令林彪，都参加过国军，就连毛主席也当过湖南新军。共产党有话：革命不分先后！

曾泽生在治疗的同时，每日自学马列和毛主席著作。"我在这里每天洗两次，洗是治病，洗身、洗面、洗心。洗身后又对照书本来洗心，看洗去了多少污浊，还剩多少，再去洗面。"

共产党器重自己，起义后继续让自己当军长。这个军长怎么当？只有自己打好自己这面旗，带领50军的起义官兵，走上一条新的强军之路。

50军整训这段日子，四野的百万大军正在入关南下，从北平一路打到武汉。军情如此紧急，50军却一直留在后方整训，在东北九台整训，到了河南商丘再次驻扎整训。

1949年7月1日，党的28岁生日，全军特地展开拥党活动，50军部队中的秘密党组织全部公开。

浦绍林连队先让群众测评：看看我们连队谁够党员资格？

测评结果，全体党员都选上了。年轻的指导员这才放心，自己发展的党员在士兵中有威信。

50军又开始进一步整训，健全连队各种组织。

一个旧军队闻所未闻的组织诞生了:"士兵委员会"。

这个士兵组织由士兵自己领导,审计连队伙食账目,评价连队干部带兵状况,讨论部队训练计划。这种军队建设制度叫作"三大民主"——政治民主、军事民主、经济民主。

军队也能讲民主?起义官兵无法理解,蒋委员长总是说军人以服从为天职,这最讲服从最讲纪律的军队,不是天生就排斥民主吗?

过了不久就尝到甜头,账目公开,官长没了贪污的空子,连队伙食改善了,还结余了伙食尾子发钱给士兵!

自己管理自己,自己教育自己,这种民主的建设军队方式,真是亘古未有。经过再次整训的50军,部队脱胎换骨,焕然一新。

老百姓不再怕这支部队杀猪抢鸡了,高高兴兴请军人到家里住。

老部队调干称赞:"像个解放军的队伍了。"

起义干部感叹:"部队好管兵好带了。"

军长曾泽生和政委徐文烈欣慰:"这个军能打仗了。"

中央军委也在关注这支部队,这第二次整训,就是准备将这支部队用于战略方向。

1949年4月21日渡过长江,解放军南下势不可当。毛泽东的老家湖南和平解放,四野又增添一支起义部队55军。50军政治部主任王振乾调到55军当政委,这个敌工专家曾在山东做东北军57军工作,到50军后同曾泽生关系融洽,经常一起读书交流。到了陈明仁的部队，王振乾感到工作比50军难多了，手下缺少经过培训的起义军官，50军那滚动改造的优势没了。

国民党兵败如山倒，解放军传檄而定的局面即将呈现。毛泽东设计了一个大迂回战略：派四野和二野两路大军，从中路和西路包抄桂系集团，一举解决大西南。

大西南的南端是云南，解放云南，正用上云南出来的50军。8月中旬，完成第二次整训的50军全军开动，徒步南下。

长途跋涉又苦又累，部队有了逃兵，逃兵不是来自旧军队的云南兵，而是来自解放区的东北兵，越往南离家越远了。

云南兵过去也有逃兵，那是从南方去东北打内战的时候。现在的云南兵个个走得精神焕发——打回老家去！

不过，也有人担心。滇军宿将张冲向四野领导建议：不要让50军回云南，滇军旧关系牵扯太多。

看来，这新部队还不能让人完全放心——缺乏真正的考验啊！

## 石林相会

云南的解放并不容易，这里地形复杂，山高林密，外来军队很难进入。所以，那熟门熟路的50军的动向，格外引人关注。1949年1月，50军在东北九台成军。2月，卢汉的特使潜出云南，寻找共产党联络。

两代云南王始终与蒋介石面和心不和，龙云公开反抗，卢汉暗中抵制。老蒋把滇军抽调一空，卢汉只能暗中组建地方部队。眼看东北滇军都反了，卢汉也在云南策划起事。只是，卢汉与共产党向来缺少联系，还要找个合适的人选接头。

这就想到潘朔端的妻兄宋一痕。宋一痕1927年加入共产党，因为云南地方党受到破坏，1931年失去组织联系。宋一痕在云南坚持进步活动，抗日战争中又组织文化人支援60军作战，在台儿庄拍过电影，与武汉八路军办事处取得联系。这宋一痕肯定能够找到人，他自己过去当过，潘朔端又在近期投共。

带着卢汉的委托，宋一痕从昆明飞到香港，找到中共华南分局的乔冠华。华南分局书记叶剑英又派出密使，3月潜到云南。

云南找中央，中央也在找云南。中共中央指示东北局从东北滇军中选派干部，潜回云南秘密联络。这个重任，落到50军代参谋长张秉昌头上。

张秉昌原来是184师的团长，在鞍山作战中被俘，整训中进步很快，组织安排在东北野战军联络部工作。长春围城期间，张秉昌入城联络，为60军起义立下功劳，提拔为50军的代参谋长。

具有联络经验的张秉昌返回昆明，没想到，与自己同在184师任团长的杨朝纶，此时正在卢汉身边！

## 第八章 整训成军

184师海城起义后，那杨朝纶在石人车站叛逃，受到国民党的褒奖，东北剿总司令杜聿明把奖金发到杨朝纶的云南老家!

国民党珍视184师这个番号，在潘朔端起义后重组184师，可这个184师很快被解放军打掉。杨朝纶的出逃成了榜样，国民党又让杨朝纶在锦州重新拉起184师，可这第三个184师又在锦州战役中被歼灭。杨朝纶单身逃到天津，第四次重建184师，又在天津战役中被歼灭了。这杨朝纶运气够差，每次刚升官部队就被歼灭；这杨朝纶运气够好，每次被俘都被释放。这是因为，中共中央特意指示，要把俘虏的国民党军官放回南方，动摇国民党的军心。

国民党的军心，也需要杨朝纶这样的忠臣来打气。杨朝纶从天津逃往青岛，又转到南京，向国民党中央写出书面报告，把被释放说成自己英勇脱逃。蒋介石将其派回云南，就地监督卢汉。卢汉看透老蒋的心思，索性任命杨朝纶为昆明警备司令部指挥官。有趣的是，这个指挥官没有具体职务，像是个空衔。

杨朝纶没有料到，60军的同袍战友张秉昌也回云南了。1949年5月15日，张秉昌转道香港飞回昆明，三天后见到卢汉，递上了朱德总司令亲笔信。

卢汉正在谋划起义，龙云老主席一直在催促，但是，卢汉还有诸多顾虑，自己同中共领袖不熟。见到老部下张秉昌，得知中

231

共顶层的态度，卢汉登时放下心来，立即安排张秉昌担任自己的警卫团团长。

就这样，60军在东北的起义，一直影响到这支部队的老家云南。云南省主席卢汉的身边，潜伏着60军两个老团长，两人分别代表国共两方，争夺卢汉！

50军熟悉云南，50军要为云南解放出大力！

就在东北野战军总部派遣张秉昌回云南的同时，50军也秘密组织了一支先遣队。军警卫营营长刘锷，当面领受军长曾泽生和政委徐文烈的命令，率领24名云南籍官兵潜回云南贵州地域，任务是搜集情报和配合进军。

两位首长特别向刘锷交代了一项本军的特别任务：一是护送曾泽生、陇耀等首长的家属从云南去解放区；二是抓捕起义后叛逃的杨朝纶。那杨朝纶在东北叛变杀害了一批50军干部，后来又潜逃回云南破坏起义。

刘锷的先遣队赶到武汉，领导关系由四野转到二野。二野情报部对刘锷等人进行情报工作培训，又给刘锷发了全套美式军装。

刘锷化装成从东北逃脱的国民党军官，千里迢迢返回西南。西南这边，卢汉在贵州设立接待站，专程接待从东北返回老家的云南籍官兵，还给每人发一枚"三迤子弟"纪念章。

带着国军纪念章回昆明的刘锷，其实是解放军二野云贵情报

## 第八章　整训成军

站昆明组的组长。解放军的情报组组长刘锷，就住在卢汉警卫团团长张秉昌的家里。上级组织也在关心张秉昌。组织上派人护送张秉昌的妻子和女儿，坐长途汽车返回昆明，去车站迎接的正是刘锷。

在云南关系众多的刘锷积极活动，很快发展了云南保安司令部的情报科科长等人。刘锷还重点搜集国民党中央军在云南的驻防情报，搜集国民党各特务组织在云南的名单，派人送往武汉。

全国大战，战火即将延烧到云南。4月22日，报纸刊登毛泽东和朱德解放全中国的命令，昆明地下党把报纸送到云南所有高官的家中。

卢汉不能错过时机，赶紧派人联系云南的解放军。

解放军主力还没有进入大西南，云南怎么就有了解放军？原来是"云南人民讨蒋自救军"改为"中国人民解放军滇桂黔边纵队"，纵队副司令朱家璧，正是当年卢汉手下的特务团团长，秘密共产党员。

卢汉的代表龙泽汇，悄悄来到宜良的石林。在这风景秀丽的地方，见到黄埔军校的老同学朱家璧。于是，国民党的云南主官卢汉，开始给共产党的边纵提供武器和弹药。支援边纵的不只是卢汉，张冲家中储存的几千支枪，统统送给边纵。

武器装备较少的解放军常说，蒋介石是我们的运输大队长。

解放军的武器确实来自蒋介石，可那是你抢来的，人家老蒋并不情愿。云南这边就不同了，国民党的官方首长不待你来抢，心甘情愿地运输过去。

## 进军大西南

南北连通！

50军的张秉昌和刘锷从北方潜回云南活动，云南的宋一痕从昆明秘密到达北平。

1949年7月，云南密使宋一痕到达北平，毛泽东亲自部署周恩来接谈。

8月13日，龙云等44名国民党军政高官，在香港发表声明公开反蒋。龙云派密使回云南，督促卢汉起义反蒋。卢汉也有暗中动作，派人联络四川的刘文辉和邓锡侯，大西南共同动手。

龙云的反蒋声明惊吓了蒋介石。8月24日，蒋介石飞到昆明，召见西南各省军事长官，准备把中央指挥机关迁到云南。

8月26日，中共中央指示香港工委，提出西南起义的原则。8月31日，宋一痕将中共中央方针传达给卢汉。中共的意见简单扼要：第一欢迎起义，第二既往不咎，第三云南起义现在还不是时候，要听从中央指示。这三条正中下怀，卢汉的起义决心踏

## 第八章 整训成军

实了。

国共双方都在争夺云南！9月6日，蒋介石逼迫卢汉去重庆开会。云南工委紧急做出应变部署，防备蒋介石扣押卢汉镇压云南革命力量。

此时此刻，蒋介石在中国大陆的地盘，只剩西南和两广了。两广守不住，蒋介石决定把西南作为最后的反共基地。这战略不是没有来由，抗日战争时期这里就是蒋介石的反攻基地。

西南基地，四川有胡宗南大兵团驻守，蒋介石相对放心，只是担心那云南，云南向来由滇军控制听宣不听调。蒋介石已经得到情报，国民党革命委员会主席李济深，委任杨杰为西南五省特派员，专门策反西南国军。那杨杰曾任陆军大学校长，在国军中也是桃李满天下，有条件动摇蒋介石的军权。凡动军权者必杀！蒋介石向保密局下达暗杀国军将领的密令。

在昆明刺杀杨杰，对于军统第一杀手沈醉那是易如反掌，两家就住隔壁。只是，沈醉的老母亲不准儿子再干坏事："二天你儿子问你要杨伯伯你怎么说？"

毛人凤局长下达的暗杀名单还有曾任60军军长的云南省民政厅厅长安恩溥、保安司令部参谋长谢崇文、保安旅旅长龙泽汇和陈复光。这5人都是卢汉的左膀右臂，沈醉不免投鼠忌器。那卢汉毕竟是地方实力派，军统特务也要忌惮几分。

杀不了卢汉的人就杀共产党，沈醉设计谋害边纵领导人朱家

235

璧。朱家璧在昆明也有眼线，提前转移逃脱。

云南站站长沈醉办事不力，保密局局长毛人凤亲自带大特务徐远举出动，乘卢汉不在云南，直接飞往昆明。

岂知杨杰也有情报，徐远举刚下飞机，杨杰就上了这架飞机，一飞飞到香港。

卢汉从重庆返回，毛人凤还留在昆明督战！9月9日云南省主席卢汉宣布解散省议会，封闭报馆，抓捕云南各界进步分子480名！

九九整肃，云南一片肃杀之气。十天后，杨杰在香港被保密局行动处处长叶翔之暗杀。云南地下党侦知，在九九整肃中，卢汉提供了39人的黑名单。一手联系起义，一手镇压共产党，这地方军阀还是脚踏两只船？

云南工委书记郑伯克通过宋一痕警告卢汉：必须保护被捕同志的安全，不准重现二一二虐杀事件！

昆明军警宪特首脑人物的桌案上，都有中共新华社的警告："我们现在郑重警告那些表示愿意与中国共产党进行和谈的国民党政治人物，你们如果连这种血腥罪行都不能立即确实的制止，那么你们就不使人相信你们的任何言辞，那么你们就不能表示你们与那些穷凶极恶的国民党死硬派有什么分别。至于那些杀人的凶手们，他们决不能逃脱他们的全部罪责。中国人民解放军必将追寻这些杀人犯至天涯海角，务使归案法办。"

1949年10月1日，北京举行开国典礼。10月4日，云南发生联防大队起义。

前北平警备总司令周体仁秘密返回昆明，这个在北平和平解放中发挥重要作用的云南人，受中共中央委托，回云南策动卢汉起义。共产党最擅长调动人力资源，哲学家艾思奇、民盟领袖楚图南、彝族代表张冲，各界云南名人都给家乡写信，恳切动员卢汉起义。

此时，蒋介石却再也拿不出什么资源给卢汉，没钱、没兵、没信誉，只剩一招——陷害。保密局局长毛人凤再次亲临昆明，就地监督杀人。按照蒋介石的狠辣计谋，只要杀掉监狱中关押的四百多人，满手鲜血的卢汉便是共产党的死敌，绝不敢起义！

卢汉撑着不下杀人令，也不敢立即发动起义，急迫地等待着中共中央的指令，等待解放军大部队的到来。

同期，解放军50军抵达湖北当阳。老部队调来一批中上层军政干部，锦州93军的初级军官470人经过培训也补充到50军。齐装满员的新部队50军，没有归属兵团建制，而是直属四野总部。

进军大西南！毛泽东调动一野、二野、四野三支大军，大迂回大包抄。大西南最遥远的战场在云南，大战略要从云南大兜底。

云南，护国首义，滇缅抗战，云南两次成为全国焦点。

公元1949年，云南第三次登上全中国的舞台。

打回老家去！

50军，这支来自云南的解放军新部队，快马加鞭……

# 第九章 云南起义

☆

作为中国人民解放军第50军的军长,曾泽生此刻比谁都想打上一仗。

一年前在长春起义,国军60军的军长曾泽生最大的顾虑就是不想打仗,不但不想打共产党,也不想打国军,不想打并肩防守长春的新7军,曾泽生对中国人打中国人的内战烦透了。

可是刚刚一年之后,曾泽生就生怕错过这内战的最后一战!

1949年10月1日,中华人民共和国在北京成立,新国歌《义勇军进行曲》大家十分熟悉,云南人聂耳作的曲嘛。

新中国成立,当然要解放中国全境,这最后一仗就是解放西南,解放滇军的家乡云南。

保家卫国！中国军人最大的光荣与梦想就是打回老家去。

## 主动请战

久经战场的曾泽生知道，国共双方竭力策划的这最后一战，必将决定家乡云南的命运，也将决定自己这个军的存亡。

长春起义后编成的第50军，没有像老部队那样归属某一兵团，而是直属第四野战军总部。一路南下，老部队披坚破锐，50军却只是跟着走。曾泽生知道，这是四野领导照顾50军，以免曾泽生和国军同袍战场相见。

领导的照顾，令人欣慰，也令人担心，这说明你的部队不能打啊。国家花费重金养兵，不是摆设，而是用来打仗的。不能打的部队，迟早会被编散。现在新中国已经成立，只待解放全国领土，必然实行大裁军。50军必须抓住这最后一次作战机会，证明自己是个能打仗的军！

10月9日50军进军鄂西北，10月14日四野解放广州。10月底，解放军一野、二野、四野三路大军包抄大西南。四野发起湘鄂西作战，50军主动请战，总部也愿意让这支新部队试试刀锋。

11月3日首战关口垭，149师奋勇当先。那一夫当关万夫莫开的野三关，被50军一举攻克，全军上下军心振奋。

就在这天，国民政府的代总统李宗仁飞到昆明。卢汉热情迎

## 第九章 云南起义

接这位没有实权的总统，乘机提出请求，放掉监狱中那些嫌疑犯。李宗仁早已反感老蒋拆台，正好也拆老蒋一下。去年在昆明街头杀人的卢汉，这次得以将功赎罪。卢汉秘密会见周体仁，商议云南起义的秘密计划。

曾泽生也有个将功赎罪的想法。尽管共产党表示对起义将领既往不咎，但曾泽生心里明白，你毕竟反对过共产党啊。

尽管50军已经编入解放军序列，但50军的领导制度同其他老部队并不相同。解放军全军实行党委制，党委领导下的首长分工负责制；军政大事由党委会民主讨论决定，而后由军政首长分别实施。可50军的军长不是共产党员，曾泽生没有像潘朔端那样在起义后立即申请入党并参加党委会。50军有个特殊的领导制度——两个委员会。军政委员会，主任是军长曾泽生，副主任是政委徐文烈，这样，非党员的军长和党员政委就可以在一个委员会中议事。不过，这军政委员会的背后，还有个党委会，党委书记是徐文烈，这个委员会决定那个委员会的议程。

曾泽生相当明智，在军政委员会议事时，尽量尊重党委会的决定。实际主持这两个委员会的徐文烈也很体谅，在军政委员会中尽量尊重军长的意见，开会让军长发言，闭会让军长总结。

就连乘车出行，徐文烈也让曾泽生的吉普车走在前头。这个规矩，在一次遭遇战后修改了。

顺利打下野三关，50军所向披靡，能追多快追多快。军长的吉普车也开得快,这一日曾泽生飞车跑到山间,突然遭遇阻击!

曾泽生身边只有一个司机一个警卫,眼看就要遇险。正在此刻,徐文烈的吉普车赶了上来,开枪打跑土匪。

从此以后,50军首长出车的规矩就变了,出门时军长在前,路上政委在前,快到营地政委又退到军长后面。

徐文烈不争位置,曾泽生也不争权。起义以来,曾泽生一直在改造思想,尽管不像潘朔端转得那么快,但曾泽生一直在转,自觉地转。

曾泽生从军本是为了保家卫国,最看不起那些鱼肉乡里的旧军阀。就是因为反感蒋介石的党同伐异,曾泽生才退出国军回到滇军。在滇军中,曾泽生也尽力保持正直廉洁的形象。可是,官职到了副师长,妻子生孩子还付不起住院费,渐渐地,曾泽生也学会了利用职权做生意。部队开赴越南受降,出入国境便利,各级军官纷纷从事走私生意。曾泽生也委托妻弟走私,从走私货物到走私鸦片,军长曾泽生积累了房产和黄金,也不得不承认,自己和旧军队同流合污了。

将功赎罪,曾泽生指挥部队积极作战。

新的作战地域是鄂西山区,这种地形让四野老部队感到生疏,东北大平原下来的兵爬山都喘气。可50军却如鱼得水,云南也是山区!滇军出身的官兵爬山飞快,识图看地形也有一套。

## 第九章 云南起义

50军一战俘虏国民党第79军代军长肖炳寅及部下6000余人，连续受到四野首长两次通报表扬。

接下来的号令却让50军不解：就地集结待命。解放军三路大军正在入川作战，莫非总部又要照顾50军这支新部队？

1949年11月25日，50军曾、徐、叶，发给四野首长林、谭、萧一封请战电报——"请求及早准予入川作战"！

"经过党的年余教育与培养，今在实践中尚能全军一致，团结谨慎，忠勇杀敌，完成初步政治考验，政治质量提高一步……我们不论艰苦与战绩，在各兄弟部队之前实而渺小，仅应以此为起点，续创胜利。"

从这封电报的行文用语，可以看到，这是曾泽生的心里话。起义一年后的曾泽生，敢于并乐于同国民党军队作战！

这也是徐文烈的心里话。虽然徐文烈原来不是60军的人，但50军却有徐文烈的无数心血。从184师到60军，徐文烈在改造这支部队上下了多少功夫！作为50军成军时的首任政委，徐文烈热爱这个军。同曾泽生一样，徐文烈也怕这个军被编散。这不是没有先例，吴化文的那个军现在又在哪里？

50军的积极态度，得到上级的嘉许。

毛泽东分析得十分具体：50军的战斗力比吴化文那支部队强，曾泽生接受改造的态度超过陈明仁。

中央军委主席毛泽东批准，调动四野的50军和47军两个军，配属二野，入川作战。

50军全军振奋！

进军四川，那就离云南老家更近了……

## 攻川救滇

中国云南省的地方军政指挥中心，就在昆明城中心，翠湖边上的一幢别墅，卢汉公馆。

云南多山，昆明城位于群山中的一个坝子，这翠湖又是昆明城中的小盆地。这种地形，天高皇帝远，山高大王多，最适宜地方割据。

卢汉公馆近来戒备森严，二楼，卢主席以外，只有贴身副官杨治华一人能上去。中央军高官都不能。杨治华发现一个秘密——卢主席戒烟了！

这个重要信息，立即传到中共地下党组织，这是卢汉决心起义的标志啊！

旧军队旧官僚，大多吸食鸦片烟。尽管龙云和卢汉不准部队官兵吸食鸦片，但长官自己却禁不住诱惑，云南烟土的质量太好！中日战争期间，日本严厉禁止大后方的贸易，可是，优质的"云土"却能冲破一切封锁走私抵达上海。上海这里有一片法外之地，这租界和华界之间两不管的"歹土"，鸦片烟馆一家接一家。

## 第九章　云南起义

滇军高官个个抽烟，朱德投奔共产党之前先戒烟，张冲潜往延安之前先戒烟，龙云出逃南京之前先戒烟，这戒烟代表新的生活方式，也就成了起义的重要标志。

时间进入1949年的年底，卢汉的代表宋一痕通知云南地下党：卢汉决心起义。卢汉又派出全权代表周体仁，经香港到广州，向叶剑英汇报起义计划。

卢汉行事比龙云更诡秘，一切动作都瞒着蒋介石，就连戒烟这样的生活习惯，也瞒着云南的特务头子沈醉。蒋介石当然不肯放过卢汉，你卢汉已经放掉监狱中的共产党人。

如何制服卢汉？只能靠军队！蒋介石提出，要把国防部和陆军总部从成都迁到昆明。卢汉谢绝，我昆明地方太小，养活不了那么大的机关。

云南地下党也要策应卢汉。侦察得知，军统云南站要在罗平县召开秘密会议。侯方岳紧急通知罗平周边的所有游击队，星夜奔袭，凌晨四、五点钟突然包围抓捕。

蒋介石急眼了，派西南军政长官张群飞到昆明，召集云南驻军的三个军长到重庆开会。

老谋深算的卢汉知道，起义的时机到了！老蒋亲自召见三个军长，肯定要布置云南倒卢的计划，再不动手就没有机会了。

只是，此刻动手还有风险。昆明城里虽然是卢汉的地方军把守，可昆明周边驻扎着蒋介石的三个整军，实力远远超过卢汉。

如果卢汉贸然行动，反而会暴露秘密招致镇压。

卢汉和共产党商定的起义计划，本来是等待解放军进入云南的时候起事。可现在不能等了，只能催促解放军快点进军……

解放军正在加速行动。

1949年4月，二野解放南京。7月，南京市市长刘伯承移交工作，准备进军云南。接管云南缺干部，南京军管会副主任宋任穷招收了两三万知识青年。10月，宋任穷团长带领西南服务团云南支队一千人，从南京南下，直接开往云南。

中央手里也有云南干部，离开东北的周保中，北平的张冲，四野的潘朔端，都加入宋任穷的队伍，准备接管云南。

不仅有干部，还有部队。毛泽东亲自复电四野："同意50军入川作战。"

西南是个大地域，云南在边陲，四川在腹心。就在二野四兵团进军云南的同时，三个野战军大举入川，防止四川的胡宗南部队逃往云南。

一野从北入川，翻越秦岭。二野从南入川，重走长征路。四野从东入川，溯长江而上。

蜀道难，最难的还是东向的长江路，顺流而下容易，逆流而上难。现而今，北和南都修通了铁路，东路还是只有河道和公路。

走在艰险的蜀道，50军却是意气风发。四川和云南是近邻，打进四川，那云南老家就不远了。

没有料到，昆明解放得比成都和重庆更早。

12月8日，张群从昆明接走三位军长，预计第二天从重庆返回。你能釜底抽薪，我能乘虚而入，卢汉当天决定起义。12月9日，张群和三位军长飞回昆明传达蒋介石指令，卢汉有理由组织云南高官会议听取命令。

特务头子沈醉进入卢汉公馆，当即被下了枪。失去自由的三位军长和保密局云南站站长沈醉，只得通知部下起义。

城外的中央军得知城内起事，三个军的部队合攻昆明城。16日，炮弹打到五华山。

卢汉也有三招御敌，一方面组织地方部队守城，一方面催促解放军加快进军，一方面请求四川支援。卢汉事先与四川的刘文辉和邓锡侯商定，西南各地同时起义，相互支援，牵制蒋介石军队的反攻。

昆明保卫战！最及时的支援还是地下党领导的本地民众，昆明全城市民紧急动员。城外也有生力军，共产党领导的边纵，从四面八方向昆明出击，袭扰攻城国军的背后。

最大的力量还是解放军主力部队。

就在昆明被攻城的同时，解放军猛攻成都城。古人有"围魏救赵"之计，毛泽东要攻川救滇。

打到成都去抓老蒋！50军149师28小时行进300华里，进抵简阳、淮州一线，阻敌东逃。代师长金振中直接向一连下令：一人一支枪一百发子弹四颗手榴弹，背包丢掉，急行军赶到成都凤凰山机场，打老蒋的飞机！

要路不要命！李金华的连队跑得吐血，28小时行进300里，跑到成都凤凰山机场，高空一架飞机正在盘旋。

把守机场的国民党兵说，那就是蒋介石的专机。

进军！进军！

12月23日，二野四兵团挺进滇东，国民党军不得不撤围昆明。12月27日，解放军一野开进成都。昆明和成都，西南的两大中心城市，都牢牢地掌握在解放军手中。

西南接管，中央有统一部署。成都由一野接管，二野和四野部队都不进城。重庆由二野接管，一野和四野部队不进入。

四野的分工不在西南，这样，进入西南的四野部队就该归还建制了。川东的47军走了，只有50军还留在四川，待命。

待命何事？显然是瞄准云南。云南还有国民党十万大军，解放军部队还没有进入云南首府昆明……

## 滚动收编

待命川东的50军，虽然没有进入成都城，却也收获颇多。

打仗嘛，总是有损失，杀敌三千，自损八百。可50军入川

## 第九章 云南起义

作战,却是越打越多。川东作战,50军收编了一支奇怪的部队,这支部队武器不统一,服装不整齐,穿军装的没有穿便衣的多,穿马褂的像地主,穿灯笼裤的像袍哥。

50军政治部主任张梓桢,曾经在山东收编国民党部队。这个富于敌军工作经验的干部,又带队去收编这支部队。了解内情后得知,这川东挺进军的头领范绍增,四川人称范哈儿,是个地地道道的袍哥头子。

范哈儿本是川东一霸,也曾出川打过日本。眼看解放军要解放四川,这袍哥大爷慌了,当年打过红军。

怎么将功折罪呢?范哈儿心生一计,率军起义!可范哈儿手里没兵,你没有部队怎么率军起义?

范哈儿又去找门路,送钱,终于从老蒋那里要了个番号,就在解放军入川前夕,拉起一支号称万人的部队。

解放军三大野战军入川了,范哈儿还不着急起义,还要挑选,挑选接收起义的部队。范哈儿专找那50军,50军也是起义部队,会掌握起义政策啊!

范哈儿的一个军编入50军,50军上下无不恶心——这是什么部队啊,简直就是一群土匪流氓。收编国民党部队,总是怕士兵逃亡,可收编范哈儿的部队,你就巴不得这些家伙多逃亡。范哈儿的部队果然逃亡很多,没几天只剩一千多人,全部编入148师,范绍增本人被安排在148师当副师长。

251

就连从60军起义的前国军官兵,也看不起这范哈儿。可是,人家范哈儿自有人家的高明。范哈儿给部队的训话,你听起来就像老部队首长在讲话。那袍哥出身的人物,满口共产党的语言,比曾军长还会说。

50军也不怵范哈儿这袍哥部队,从民主同盟军到50军,这个滚动改造出来的军,创造了滚动改造新部队的经验。这种经验,到四川也大有用处,改造范哈儿的部队异常顺利。

看了《白毛女》,范哈儿主动检查:"旧社会把人变成鬼,新社会把鬼变成人,我就是鬼!我要变人!"进入人民军队,范哈儿立即放弃恶习,再也不赌博。

融化一个范哈儿还不过瘾,上级又把一个兵团交给50军!国民党军20兵团起义,这个号称拥有三个军的兵团整体编入50军,兵团司令陈克非当了50军的副军长。

1946年起义的潘朔端师长升为军长,1947年起义的王家善师长还当师长,1948年起义的曾泽生军长继任军长,1949年底接受和平改编的兵团司令陈克非只能当个副军长。这不只缘于起义时间的早晚,也同部队素质相关。这20兵团缺乏战斗传统,3个军打剩下万把人,只能编为50军的167师。

老敌工张梓桢又带队去改造这个兵团,完成这个任务张梓桢心里有底——不缺干部。当年60军改造,要求保证一个连能派

## 第九章 云南起义

进一个干部。现在，张梓桢要多少干部有多少干部，早先起义的干部经受了部队改造的锻炼，再来改造新的部队，形成一种滚动改造的良性循环。

中国古代兵法有云："攻城为下，攻心为上"。中华武学最高境界不是杀戮，而是"不战而屈人之兵"。中国的解放战争中，国军方面起义、投诚、接受和平改编的有320余起，189万人，占被歼军队总数的21%。推崇人道精神的人们，应该承认，这"不战而屈人之兵"的战争神话，表明中国的人民军队富于人文魅力。

这种独特的人文魅力，在50军身上体现得最完整。

初战告捷，再战连捷，50军越打越勇，越打越顺。毛主席说的传檄而定的局面出现了，447团的前卫连前面，走的是宣传干事艾维仁带领的宣传队，解放军开始用宣传开路。

17岁的艾维仁生气勃勃地往前走，走着走着丢了部队，身边只剩11个挎手枪的宣传队员。宣传队变成尖刀排，路上碰到"土共"游击队，碰见欢迎群众，狗皮帽子的四野干部自命不凡，艾维仁自称中国人民解放军镇江部！

艾维仁率队寻找部队，这一路奇遇不断，抓获特务便衣队，接受警察队投诚，还接管了一座中江县城。坐拥县城的艾维仁正在发号施令，又来了三个武装便衣——国防部警卫团的参谋来接洽投诚！

253

149师顺手捡了个大便宜。这国防部警卫团就是蒋介石的御林军，士兵都是蒋介石的奉化老乡，人人佩戴双枪——卡宾枪和驳壳枪。蒋介石乘飞机逃走只能带一个排，剩下的警卫部队只能就地隐藏当特务。这个特务分队装扮奇特，有老道，有和尚，有烫发的漂亮小姐，有西装革履的绅士，有长袍马褂的先生。一人一个皮箱，里头有空白委任状和印章，还有黄金鸦片、高级手表、派克金笔。这些人一旦分散开来，就是一批又一批的特务武装和土匪队伍。

入川作战，军政双优！

自1949年10月28日渡江至1950年1月1日成都外围战结束，四野50军配合一、二野战军作战65天，解放城市8座，消灭了川东北国民党流散残余师团及地方反动武装。收编川东挺进军范绍增部，收降国防部交警总队，歼灭川陕甘边区第一路指挥部特务团、76军20师80师各一部、17军一部及国防部警卫团，毙伤敌573名，俘敌27022名，其中投诚13790人。这么大的战果，50军仅伤78人亡10人。

这50军经历战斗的考验，"这就说明这支部队已经改造锻炼成为人民的军队。"

# 第五个184师

1950年2月25日，昆明城举行盛大仪式，欢迎解放军入城。

第50军第四四大队南下作战庆功大会

## 第九章 云南起义

卢汉在入城的解放军干部中看到不少滇军熟人，比自己资格还老的周保中，新任云南省副省长，比自己资格嫩的潘朔端，新任昆明市市长。

大会师，起义的卢汉和解放军会师，在滇的边纵也和入滇的解放军会师。多年在云南坚持地下斗争的共产党人，如今也大摇大摆地登台了。边纵二支队政委祁山登上主席台，和陈赓将军并肩检阅。中央指示云南省委：第一是团结，第二是工作。

团结第一！共产党和起义的卢汉要团结，外来干部和本地干部要团结，云南各民族要团结。

不是所有的云南将领都欢迎解放，第三军的军长李弥带队逃亡。这个曾在滇西战役中攻占松山的宿将，如今再走老路，逃亡金三角。

一帮残兵败将，还想拉杆子搞事。他们找到刘锷，希望这个184师的老长官带头重建老部队。这大概是国民党第五次重建184师了，这次的失败也最快。刘锷提前向解放军报告，将其一网打尽。

刘锷的潜伏任务还有抓捕杨朝纶呢。

杨朝纶的运气到头了，碰上了184师的老对头。

马逸飞在海城起义后，率领部分起义部队组成独立旅，参加东北作战。又到四野156师任副师长，南下作战打到江西。二野进军大西南，需要熟悉云南的干部，陈赓从12兵团要来了潘朔端，潘朔端又要来老搭档马逸飞。云南解放时，潘朔端任昆明市市长，马逸飞负责省军管会工交组。马逸飞在184师的时候，就知道那杨朝纶思想反动，一直对其保持警惕，回到昆明，也一直警惕杨朝纶再策动叛乱。

这天马逸飞从军管会下班，回家路过马市口，突然看到一个人——杨朝纶！

马逸飞冲上去一把抓住，又呼喊巡逻战士，一起将杨押到军管会，由潘朔端市长亲自审讯。

三个出自60军的将领，代表了滇军官兵的不同的人生走向。当年都参加了海城起义，后来都回到老家云南，但命运却如此不同。

关键时刻主持海城起义的潘朔端，很快参加共产党，1949年后担任昆明市市长二十多年，"文革"期间仍得到中央的保护。

早年参加共产党的马逸飞，在失去联系后主动寻找党的领导，积极策动海城起义，1949年后长期担任云南省交通部门的领导。

当年被迫参加起义的杨朝纶，看错了历史趋势，背叛自己的部队，云南解放时被公审枪决。

云南解放！

蒋介石在云南建立反攻基地的设想，彻底破灭。

参加云南起义的四万部队，编入解放军序列。

## 第九章 云南起义

出自云南的50军官兵,得到一个圆满的归宿。

50军这时可以归建四野了。离开四川前,50军在四川招收了1600名知识青年入伍。大学文化的政委徐文烈,特别看重知识青年的作用,从东北到湖北到四川,部队走到哪里都大量吸收知识青年参军。这些文化人参军就是排级待遇,部队没有那么多排长职位怎么办?当文化教员。50军每个连队都有四五个文化教员,文化教员带领战士扫除文盲,宣传群众,提高了部队的文化素质。这些文化教员里出了一批将军,艾维仁中将在东北参军,周大可少将在湖北参军,张长顺少将在四川参军。

全军乘船,东下长江。来的时候是艰难地走上来,去的时候格外轻松,轻舟已过万重山。

1950年春天,归建四野的50军,驻扎湖北当阳。当地没有营房,官兵们便自己动手建造。全国解放了,没仗打了,50军的官兵除了日常训练外,还以愉快的心情投入当地的生产建设。

身在湖北,心系家乡,家乡即将开始土改。对于基层连队的官兵,土改是一个天大的好事——农民可以分得土地了。

而对于军官,这土改就是一个关口——你要过社会主义关。

多年征战,许多军官积累了资产,回老家买地盖房子,从农民变成了地主。1949年后,全国农村土地改革,这些军官的家产就成了改革对象。

所幸,50军起义早,起义的时候家乡还没有解放,东北已经开始搞土改。懂得土改政策的曾泽生，在云南土改前就写信给老家的亲友，委托亲友处理掉家产，该交公的交公，该分给乡亲的分给乡亲。待到云南土改开始，曾家已经不是地主了。

家产要过关，家庭也要过关。对于起义军官，这"临时夫人"是一个难于处理的问题。军人四处征战，旧军官走到哪里哪里就有"战地鸳鸯"。可是，这种生活方式在解放军就绝对不准。陇耀师长请假到天津，在旅馆被公安抓住了，天津公安不相信解放军的师长会孤身到城里会女人。

徐文烈赶紧把陇耀担保出来，陇耀的发妻在云南老家，他要给天津这个女人安排出路。

陇耀又回云南老家探亲，回来就不想归队了。陇耀感到：恐怕新部队不需要像自己这样的老军人了。上级也没有强令陇耀归队，而是把这个老军人安排在四川军校，后来又转业在乐山当副专员。另一个起义师长白肇学在云南家乡养病，也没有回到50军。

1950年9月，起义将满两年的50军，正在湖北沙市一带驻防。说是驻防训练，其实主要任务就是屯垦，全军当年垦荒3200亩，筑堤60余万方，运输公粮近600万斤。对于起义官兵来说，这种军事生活相当新鲜，都知道当兵吃粮，却不知当兵还能种粮。

## 第九章 云南起义

全国解放了，战争结束了，许多老军人开始考虑解甲归田。与其在湖北种田，不如回云南种田。

政委徐文烈却有忧患意识——50军能够继续存在吗？

和平时期不必负担大量的军队，全军计划从550万裁减到400万。50军刚刚由出川时的五万五千人精编为三万三千人，正在分散执行水利、生产、剿匪、营房建设任务。下步还会继续裁军，这裁军向来是汰弱留强，我们这个军成立以来还没有打过硬仗啊！

正在担心，突然传来军委命令：50军北上参加东北边防军。

东北边防？

东北边防的东面就是朝鲜，此刻正是一场大战！

1950年6月25日，朝鲜北方军队大举南下，9月15日美国军队在仁川登陆，五星上将麦克阿瑟挥师北上，大军直指中朝边境的鸭绿江。

朝鲜战事瞬息万变，中国必须提前准备加强边防。中央军委决定成立东北边防军，集结70万大军备战。

部队即将调动，军部发报给云南的两个师长，可是两人都在生病。这两位虽然没有归队，但50军的编制名单还是细心地保留这两位起义将领。有些记载朝鲜战争的文字，还有这两位的名字。其实，带队入朝的是老部队调来的两个师长，148师代师长赵鹤亭，149师代师长金振钟。

徐文烈心想，让这些刚刚起义的干部去打一场恶仗，怕是不大现实。

这时，正在养病的曾泽生急匆匆归来。

徐文烈忐忑地试探："军长身体不好，这次行动是不是不要去了？"

曾泽生却不容质疑地说："我要去！一定要去！"

这时，卢汉也来了。

卢汉去北京参加政协会议，路过湖北沙市，特地下船看望50军官兵。作为这支部队的老军长，卢汉的讲话满含感情："希望你们要努力建新功，发扬60军、50军的传统！"

会场上的老部下也眼含热泪。远离家乡的50军，即将走得更远更远……

50军紧急收拢部队，10月2日，各师登上火车，昼夜疾驶。

部队官兵并不知道此行任务，只知是一次调动。调动前把部队农场免费移交地方政府，大家还有些遗憾：再过几天稻子就熟了，鸭子就下蛋了。

政委徐文烈多了个心眼，要求湖北紧急供应全军官兵的棉衣。

曾泽生和徐文烈这些高级首长知道——

这个军将面对前所未有的战争考验！

# 第十章　出国作战

☆

授名成军不满两年的50军,1950年10月中旬乘专列到达东北吉林。

全军奉命上缴步兵武器,改为炮兵军。这是军委对50军的器重,炮兵是解放军的现代化兵种。50军的前身是滇军,滇军向来重视炮兵,云南讲武堂出了一批炮兵专家。50军成军以来招收了大量知识分子,有条件掌握现代兵器。

正在紧急换装,10月24日突然接到东北军区命令:50军立即恢复原装备,紧急开往中朝边境。军长政委立即赶往沈阳军区作战室领受任务,部队紧急开进。

148师442团的列车从通化开到集安,部队在车上待命,团长赵国璋被军代表叫下来接电话。赵国璋拿起电话报告自己的职务姓名,对方立即下令:"我是东北军区司令员高岗,你们立刻过江,过江就打!"

148师10月24日抵达集安,25日渡过鸭绿江。

149师10月24日抵达丹东,26日渡过鸭绿江。

150师10月25日抵达丹东……

出国作战,对于这支部队其实是第二次。1945年60军开赴越南受降,炮战法国海军;1950年50军抗美援朝,跨过鸭绿江。

1950年10月25日,50军渡过鸭绿江这一天,宣布为中国人民志愿军入朝作战的日期。

从这一天开始,50军面对的是一场中国军史上最惨烈的国际大战。

从南方赶到北方,部队匆匆过江,没有经过战前动员,没有拿到作战地图,没有配备朝语翻译,缺乏充足物资供给……

面对强敌,50军能打赢吗?

## "向老师开炮!"

50军突然过江,是因为战况紧急。

第一批过江的部队本来是38、39、40、42共4个军,彭德怀司令员亲赴朝鲜战地,发现兵力不够,临机增添50军和66军。

## 第十章 出国作战

从和平状态到战争状态的转变，如此急速。

对于军人，这是寻常事。军人为战争而生，打仗就是军队的本职工作，突然来到的战争，总是令军人兴奋。

渡过鸭绿江，就是到了外国。

50军也有不少官兵曾经出国，可是，开赴越南的任务是受降当大爷，开赴朝鲜的任务却是作战拼命。

作战任务！50军参加第一次战役，奉命截击敌军先头部队，保卫中朝边境。

部队急速推进，可推进速度总是不够——白天不能行军，怕飞机轰炸。

442团测绘员张长顺给师部去送信，一架敌机追着自己一个人扫射。张长顺沿着铁路跑，飞机从左边打，就跳下右边路基；飞机又转到右边，张长顺就躲进隧道；刚出隧道口，飞机等在那里扫射！行军休息，148师司令部几个人刚刚坐下飞机就来了，一梭子子弹扫过，作战参谋蒋大年身边的翻译被打中了！

过了鸭绿江，一路胆战心惊。这个军又一次感到中外军队的装备差异。抗日战争，一到台儿庄就遭到日军坦克的冲击。抗美援朝战争，美国飞机比日军坦克的威力更大，沿途所见的朝鲜城市都已炸成一片焦土。部队行进头上总有飞机转悠，这战场就没有前方后方之分。

对世界强军作战，从统帅到士兵都没有把握，上级的指示是先不碰美军，先找南朝鲜军队打。几次行动下来，虽然算是小胜，却也放跑了本该围歼的敌军。

志愿军总部开会，彭德怀把38军狠狠骂了一顿，没有点名50军。

曾泽生明白，响鼓不怕重槌，司令员对50军的照顾，说明你还不是响鼓！

对比老部队，50军还得多过一个心理关口——学生敢打老师吗？

这世界，学生常常要面对老师的欺负。当年抗日战争，60军面对云南讲武堂的日军教官，现在朝鲜战争，50军又要面对滇南抗战中的美国教官！

炮兵营长杨协中，对比了双方的炮兵实力。

美军陆战师编制各种火炮950门，还配属一个坦克团。志愿军一个军编制山炮18门，没有坦克。50军全军只有山炮16门、化学迫击炮10门、八二迫击炮45门，反坦克武器根本没有，炮兵火力不抵美军一个营。

军人的使命不只是打仗，还要打赢。打赢？步兵对飞机，机枪对大炮，这种不对称战争你敢打吗？美军炮兵曾经是杨协中的老师，学生敢向老师开火吗？

第二次战役，美军发动圣诞节攻势，彭德怀指挥志愿军诱敌深入，围歼强敌。

## 第十章　出国作战

初战未免试探试探,再战胆子就大了,38军勇于穿插,敢打美军,一打就发现:原来世界强军也是可以打败的。

这次战役总结,彭总喊了一句"38军万岁!"

50军还是没有被点名。没点名也知道,那"右倾失机"的批评就是针对50军,50军三次穿插都扑空!

作战方案本来不错,148师主攻,150师左翼配合,149师447团穿插堵敌后路。可是,148师副师长带着侦察连走错路没到位,堵住后路的部队看着山下的坦克大炮也没敢打。

失机就是失利!军部召开师团干部总结会,检讨作战中的失误。

有的说:50军的老底子不行,国民党部队只会打防御不敢打穿插,部队撒出去就收不拢。

有的说:不是战术问题是思想问题,起义军官有恐美病!

说来说去都是50军出身不好,军政干部都后悔:不该离开老部队到这支熊部队来。会场纷纷攘攘,师团干部都要求调回老部队!

这时曾泽生怒了:"我给38军当炊事员去!"

会场登时寂静,主持会议的徐文烈政委脸色都变了。

这些议论太过分了,伤及起义干部的自尊心。

这时,还得起义干部出来圆场。军副参谋长李佐笑道:"你们可以调回老部队,我往哪儿调啊?"

会场情绪扭转了,都是行伍出身,都明白,"兵熊熊一个,将熊熊一窝"。

仗没打好不能埋怨部队,要从干部自身做起。军政委徐文烈向志愿军总部打报告,主动承担两次战役没有打好的责任。

"三视"教育——仇视、鄙视、蔑视美帝国主义!

部队召开誓师大会,面向首都北京,手举着钢枪宣誓:下定决心,同世界上最强大的美帝国主义血战到底!

知耻而后勇!

50军憋着一股气踏上战场。

战士们抱着一条信念:死就死,活就活,不做英雄死去,就做英雄回来!

面对当年的美军老师,炮兵营长杨协中高喊:"向老师开炮!"

美军飞机临空,军部的参谋干事纷纷卧倒隐蔽,曾泽生就立在那里,将军不怕炸弹!

强渡大同江,没有桥梁,没有船只。曾泽生亲自下水试探,江水不深,可以徒涉。

徒涉?冬天的朝鲜零下二三十度,从福建来的九兵团没来得及换冬装,一个军冻死冻伤数千人!50军幸亏有徐政委催办了冬装,可南方棉衣到朝鲜还是冷。

## 第十章 出国作战

曾泽生带头了，军长脱掉棉裤，第一个走进冰冷的江水。

军长下水了！官兵们纷纷徒涉过江。

军人最大的耻辱是胆怯，军人最大的光荣是不怕，不怕死不怕苦当然也不怕冷。

还要加上一个"不"——不服气。不管是新部队还是老部队，战场上面比比看！

50军在参战的中国军队中还是相当特殊。美国人罗素·斯泊尔在《韩战内幕》中专门写了一段故事，志愿军司令员彭德怀陪同朝鲜领袖金日成，专程到50军驻地视察。

中朝联军的统帅鼓励50军奋勇进攻，彭德怀问曾泽生攻到汉城需要多少时间？曾泽生回答我想得一个月吧，彭德怀说一个月太长了，要一鼓作气！曾泽生随即请战，彭德怀第二天就下达进攻命令！

这件事难以查实，问到的50军老人大都不知道这件大事。只有50军新华支社的女社长石铭保存着一张照片，彭德怀陪同金日成接见志愿军干部。不过，石铭也不能辨认被接见的是50军的哪位。

虽说是孤证难取，但也不能一下否定此事的存在。这位美国作者自称采访了一个叫作顾文图的50军老兵。想来，那位身在台湾的老兵，不会为大陆解放军吹嘘吧？

无论此事如何，想当年，50军还是坚决地进攻了。

## 痛击皇家坦克营

第三次战役发起,中朝联军向南进攻,一举突破临津江!

突破38度线,这意味中朝军队把联合国军打回战争之前的地盘,反败为胜。

大路直通南朝鲜的首都汉城,志愿军各军展开追击大竞赛,看谁抓到的俘虏多,看谁能打碎坦克乌龟壳!149师追得很快,代师长金振中是个老八路,擅长打穿插,鼓励部队乘着夜暗大胆突进。445团追到高阳地域的佛弥地,只见山谷里全是灯光,马达隆隆,这是敌人的装甲部队在撤退!

必须堵住敌人!副团长立即下令,让一营教导员林家保带队抢占对面的制高点。

通往对面的道路挤满了敌人的坦克,绕路就要贻误战机。林家保一咬牙,带着二连冲进敌人队列,敌人还没反应过来,二连已经跑步过路!

快速穿插,及时堵截。这是老部队的特长,50军也学会了。

步兵武器打坦克,这就是60军的特长了,张冲在台儿庄战役就干过一次。50军早就憋着劲要打坦克,每个连队都配备了爆破筒、集束手榴弹和炸药包,组成步兵反坦克小组。

打蛇先打头,446团二营奉命干掉领头的坦克。第一个战士送上两个爆破筒,还没炸响就被坦克履带甩掉了。第二个战士送上炸药包,坦克开过了才爆炸。两次不成功,都是导火索太长耽误了时间。

李光禄冲上去,点燃雷管就迅速爆炸,敌人的坦克炸坏了,自己的耳朵也震聋了。原来李光禄剪短了导火索,没有给自己留下充足的撤离时间。

开路的坦克被炸毁,敌人的坦克大队全被堵在狭窄的山谷里,这种地形坦克无法快速机动,步兵就能瓮中捉鳖了!

李光禄的成功经验迅速转达所有爆破组,选择坦克行动迟缓时送上爆炸物。二营所有的爆破组都扑上去炸坦克,山谷里到处都是爆炸的火光。

林家保占领制高点后,发现敌人被打蒙了,并没有来攻击山头。

那就下山包饺子吧!林家保带队扑下山,发现敌人的车辆有四种:军官乘坐吉普车,装载物资的是运输卡车,战斗分队用敞开式装甲运兵车,更多的是重型坦克车。

装甲车上的机枪到处乱扫,林家保指挥部队用手榴弹准确地投进敞开的上盖,打掉机动火力。最难打的是坦克,敌人关紧炮塔不伸头。战士们爬上坦克,砸断潜望镜剪断天线,坦克就成了瞎子聋子!

打坦克正打得痛快,突然出现火龙和铛铛声响!

这是一辆小山般高大的喷火坦克，喷出的火龙远达50米，比步兵喷火器远得多。刚刚爬上坦克的战士被火龙扫中，身躯在燃烧中缩成一团焦炭！喷出的火焰还夹杂钢弹，打在装甲上铛铛作响，反弹出来也能伤人！

那喷火坦克横冲直撞，前后左右四面都能喷火，爆破组很难找到机会接近，好不容易爬上去的战士又被烫得掉下来。

一辆被困的坦克伸手表示投降，王长贵爬上炮塔，敌人却突然转动炮塔把王长贵甩下打死！这王长贵是50军唯一的全国战斗英雄。

喷火坦克在山谷里到处乱闯，还用中国话喊话："我们是来救朝鲜的，中国军队投降吧！"

二营营长杨树云又调来李光禄，最先打掉坦克的李光禄已经炸毁两辆坦克，办法最多。李光禄奋不顾身，抱着炸药包爬上滚烫的钢甲，一举炸毁喷火坦克！

敌人的坦克都哑巴了，部队打扫战场。击毁缴获敌人各种车辆包括坦克31辆，击毙200多人，还抓获俘虏193名。

战绩上报军部，徐文烈政委严肃提醒："战果确实吗？彭总发火了，谎报军情是要杀头的！"

军人崇尚荣誉，争功的事情也就常常可见。这次，志愿军总部同时接到不止一家的打坦克报告。

彭德怀严令50军，必须核实准确。

## 第十章 出国作战

军部作战参谋郑竹书和摄影干事胡宝玉,奉命赶往现场核实,不但要眼看,还要拍回照片!

作战现场硝烟未散,朝鲜军民正在抢运物资。胡宝玉举起照相机赶紧拍照,根据以往经验,敌机很快就会来毁尸灭迹。为了找个全景,胡宝玉爬上一辆高大的坦克,竟然看到坦克里面吊着个人!

照片送到总部,俘虏也送到了。

核实战果,此战歼灭的敌人不是美军而是英军——英军第29旅奥斯特来复枪团第一营和一个坦克中队,号称皇家坦克营。

抗美援朝战争在装备方面始终是敌强我弱,中国军队的作战经验是一个师只能聚歼敌军一个营。可这次是两个步兵营打一个坦克营,一战歼灭英军700多人,靠手榴弹爆破筒击毁击伤和缴获各种车辆31辆。

这是志愿军第三次战役中打得最好的一次战斗,也是中国军队打坦克的最佳战例。

战绩说明一切。50军从此扬眉吐气,世界强军有什么了不起,我能以弱胜强!

英军战俘送到149师师部,擅长英语的莫伊健偷听俘虏议论,听说营长也被俘了。作战科长丁永年审问这个营长,这位莱克少校相当配合,坦率地承认自己的身份。可当丁永年询问英军作战部署的时候,莱克就装傻说不知道。

丁永年大怒拍了桌子！莱克以为要枪毙他，扑通跪倒："我们都是军官，如果你被我们抓了，你能泄露军事机密吗？"

听了莫伊健的翻译，熟悉俘虏政策的丁永年，也只得压下怒火。

英军战俘被押送总部的碧潼战俘营，那莱克依然放不下面子，怎么也不相信志愿军没有使用反坦克炮："步兵击败重坦克营，军事教科书没有这个说法！"

炸毁3辆坦克的李光禄，一战立了三个大功，作为50军的代表回国观礼，被群众抬着游行。值得注意的是，李光禄是60军起义的云南籍士兵。

高阳战斗，50军发挥了双重优势，老部队善于穿插，滇军善于打坦克，50军两者结合，越打越强！

## 当先攻进汉城

1951年元旦刚过，战场形势一片光明。50军首长向全军各部队发出号令："乘乱攻占汉城！"

1月3日，149师高阳战斗打坦克。

1月4日，148师进汉城！

148师向汉城急进，442团副团长陈屏带队先行。汉城郊外的小山上还有少量敌军据守，陈屏一个冲锋就把敌军打垮。

## 第十章　出国作战

前面就是朝鲜半岛最大的城市汉城！

天色已暗，部队小心地搜索前进，这是首都，敌军也许会重兵设防？

出乎意料，没有遇到像样的抵抗，部队顺利地穿越汉城，继续追击。

一马当先！1951年1月4日清晨，中国人民志愿军50军442团首先进入汉城。

这个时刻的历史意义，当时陈屏没有在意，汉城有何建筑特色，陈屏也无心赏玩，陈屏当时的心思是继续追击抓住逃敌。

大军开进！

50军全军、39军一部、朝鲜人民军第一军团，三股大军排成十几路纵队，浩浩荡荡进汉城。通向汉城的水泥路面宽阔平坦，多路人马通通踏上公路，潮水般涌向汉城。美军飞机沿路丢下照明弹，大路亮得掉下一根针都能找到，飞机轮番俯冲扫射，可路上的部队谁也不肯躲避，比赛着往前冲。

艾维仁带领447团二连挤在人流中抢行，突然一片雪亮，敌机投下照明弹，接着就是轰炸扫射。二连当即减员7人。

这时候，你就是扔个原子弹也挡不住我进汉城！

艾维仁带队冲进汉城，负责看守美军仓库。仓库里有一袋袋的白色粉末，艾维仁舔舔是甜的，奶粉？

"史上最大的集体逃难"，敌军匆忙南逃顾不得撤运物资，给供应紧张的志愿军留下了大量军需品。发洋财！二连每人的米袋子都装满美国奶粉，还有无数的高级香烟，爱抽烟的云南兵尽管拿吧。细心的艾维仁还相中了美国军毯，撕成长条发给战士，上边当围脖下面当裹脚布。

50军的首长更有眼光，派人进驻总督府。

摄影干事姜峰照下一张照片：中国人民志愿军第50军和朝鲜人民军第一军团在总督府广场联欢！

看见这张照片，你会想起八国联军进北京的照片，你会想起日本军队南京大屠杀的照片。

历史上总是外国强军侵占中国首都，如今中国军人也能开进外国首都！

中朝军队进占汉城，平壤和汉城两地，240门大炮同时鸣放24响。

北京举行大规模庆祝游行。

骄傲的美军"开始学会重视和尊重敌人"。 大卫·哈伯斯塔姆在《美国人眼中的朝鲜战争》中写道："中国人的战场表现极富特点，他们同样是非常优秀非常坚强的战士，他们有些部队明显要好于其他部队。"韩军更是被打怕了，首都师师长白善烨写道："官兵们对中国志愿军怀着一种怪异的恐惧感，战斗还没打响心理上已经输了。"

领先打进汉城，50军军长曾泽生心情大好，战场赋诗：

# 第十章 出国作战

"旌旗所指敌分崩,巨拳一举力千钧。

麦克一溃逃千里,奇微拉克势全倾。"

百年强军梦,今天才是中国军人神气的日子。

## 打得最远的部队

进占汉城的50军,没有时间停下脚步欣赏战果。

彭德怀司令员下令,50军以一部控制汉江桥,大部乘胜追击,夺取仁川港!

迅速挺进,跑得最快的442团,4日清晨进汉城,下午5时就抢占汉江大桥。继续追击,442团一直追到水原以南70里才奉命停步,尖刀连前出至37度线。149师447团前卫连跑得更远,一直冲到水原以南的乌山。

打得最远的,还是侦察兵。148师侦察科科长于学孟,带领师侦察连和三个团侦察排轻兵突进。这支穿着南朝鲜军装的小分队一直向南插,插过水原,插过乌山,一直摸到美军25师的防线。

谁也说不准走了多远,大概接近36度线了,这要查查美军的防御地图。

深入敌后的侦察兵,还抓了美军舌头。穿插勇敢,返回智慧。于学孟率队跟在美军反攻的部队身后,"攻回"自己的阵营，毫发无伤。

智勇双全侦察兵！抗美援朝战争中打得最远的中国部队，大概就是这50军148师的侦察兵了。

50军在第三次战役打了翻身仗，得到志愿军总部的通令嘉奖。

"60熊"变成"50勇"！军首长去总部开会，堂堂正正坐上吉普车。

曾泽生的吉普车开到大桥，迎面撞上运输物资的大卡车，吉普车冲断护栏一头坠下，后轮又被桥梁挂住。

司机和警卫员都坠落江中，只有曾泽生还端坐车中，双手紧紧抓住把手。

徐文烈的吉普车赶上来，只见曾泽生一人倒挂在半空，赶紧上去把军长拉上桥。

不能大意！不能骄傲！徐文烈百次千次提醒部队：我们是新部队，刚刚打了几个好仗，不能骄傲，不能争功。

高阳战斗评功，李光禄评为特等功。打掉一辆坦克评一个大功，李光禄一战打掉三辆坦克得了三个大功，三个大功折算一个特等功。149师悄悄议论，要是在老部队，早就评上战斗英雄了。谁先进入汉城？最先发出电报的是39军侦察连，50军的442团没带电台。

其实，哪个部队先进汉城并不重要，重要的是中国军队打进

## 第十章 出国作战

汉城了!

慎战,始终是弱势力量的生存之道。力抗强军的中国军队,还须记得,以弱胜强,并不等于你已经强过对手。

解放汉城,中朝军民情绪高涨,所有的报纸都在欢呼:"打到釜山去!把侵略军赶下大海!"据说,美韩军队已经准备撤往日本了。

胜利时刻,最能考验军人的意志力。创立不世之功的彭德怀,依然保持清醒。打得越远,后勤供应线越长。在没有制空权的情况下,部队很可能断粮断弹,陷入危机。

1月11日,韩国一艘海军扫雷艇冲进仁川港,开炮轰击岸上炮台。志愿军方面没有海军舰船无法还击。

如果志愿军冒险南下,敌军很可能重演仁川登陆,再次抄我后路。彭德怀下令部队停止进攻,就地休整。

朝鲜领袖金日成和苏联大使都不理解,一支正在走向彻底胜利的大军,怎能停步不前呢?那苏联大使是个打过卫国战争的上将,当面指责彭德怀,还向斯大林告状。

毛泽东和斯大林沟通意见,中苏领袖共同支持彭德怀,斯大林还撤换了苏联大使。

事后证明,彭德怀的谨慎十分英明。

撤退中的美军,并未遭受重大损失,反而积累了经验。美国将军李奇微发现:志愿军的进攻总是"礼拜攻势"——打七天之后必然停步。这是因为后勤跟不上。部队给养弹药靠人背马驮,行进七天后干粮吃光了,只能停步。

学得聪明的李奇微设下口袋阵,诱使中国军队继续南下,七天后发起反包围!

幸亏彭德怀识破了敌人的计谋,没有下令部队继续前进。

连续作战数月,部队已经十分疲劳。总部决定全军休整两个月,各军的军长回国集训,由苏联专家讲解现代化战争。

50军曾泽生军长回国集训,尽管课程紧张,比起冰天雪地的战场,也算是休养了。从亚热带云南到寒冷的北方作战,曾泽生患上严重的关节炎。

可是,刚刚回国十天,汉江那边就打响了!

美军的反攻,比彭德怀的预想来得更快。曾泽生急忙赶回部队,50军领受新的作战任务——沿汉江南岸构筑防线,阻止美军进攻。

50军防线的友邻是38军的112师。能够同万岁军并肩作战,50军未免兴奋。

嘴里喊向老大哥部队学习,心里,怕是还有个竞赛吧?

# 第十一章 梁山部天下把名扬

☆

1951年1月25日，朝鲜北部成川郡君子里，高山深谷间埋藏着幽深的矿井，多年采矿生产形成了现成的防空工事。

这个最大的矿洞就是宽敞的会议室，一百多中国和朝鲜的高级军官在此聚会。

中朝联席会议，首先选举斯大林和毛泽东为名誉主席，金日成和彭德怀为执行主席。这不是一般的会议，这是一次祝捷大会，庆祝夺取汉城的伟大胜利。朝鲜人民军最高司令官金日成报告朝鲜劳动党今后的工作方针。中国人民志愿军司令员彭德怀报告三个战役的总结和今后任务。

会场的欢声笑语中，隐约可以听到炸弹爆炸的声音。美国飞机在天空寻找这个会场，只是不能炸穿这深处大山腹内的矿洞……

同一天，朝鲜中部汉江南岸，飞机投弹，大炮轰击，志愿军的防御阵地被硝烟覆盖。

坦克先导，步兵跟随，大群美军向山头阵地进攻。联合国军的"屠夫计划"开始了，李奇微的战役目标是突破汉江，收复汉城。

汉江南岸的炮火打断了深山矿洞的会议，参会的50军首长立即离会，乘车返回前线。

也是在这个夜晚，前线的50军派出一支侦察分队，向南，直插美军防区……

## 夜袭水原城

美军突然发起攻击，抗美援朝战争的第四次战役开始了。

彭德怀的部署是"西顶东放"：西线坚守防御，由50军3个师、38军的1个师、人民军第一军团，在汉江南岸的山岭构筑阵地，阻挡美军攻击汉城。东线诱敌深入，由39军、40军、42军和66军在横城地域，反击歼灭冒进之敌。

李奇微的部署是"磁性战术"：空袭作战遮断志愿军的运输线，地面作战以小规模部队接触性进攻，不给对手留下休整时

## 第十一章 梁山部天下把名扬

间,逐步消耗志愿军的实力。

这是一次巅峰对决!两个统帅制定的攻防战术都是无懈可击,下面,就要看两支军队的战斗力了。

50军防御的40公里正面,正是美军的重点进攻地段。

148师防守修理山、帽落山一线;149师防守白云山、光教山一线;150师防守东鹤山,与38军112师接邻。

军长曾泽生和政委徐文烈在君子里开会尚未返回,前线指挥所由蔡正国副军长主持。就在进攻汉城之前,40军副军长蔡振国调到50军任职。蔡正国是个久经战阵的骁将,同时又熟悉司令部工作。蔡副军长的到来,立即改进了50军的司令部工作。

不能被动防御,蔡正国指示前线部队派出侦察分队,摸清敌军的位置。

445团一营教导员林家保带一个加强连出动,任务是摸到水原城北的813高地,查明敌军的到达位置。林家保在高阳战斗中指挥打坦克打得很好,这次又派他执行独立行动。

夜晚,小分队披上白色床单,这就是志愿军的雪地伪装,简陋而有效。小分队悄悄出发,行军中保持战斗队形,警惕向前。行进中跨越漫山遍野的大雪,始终没有发现敌人。

林家保按图对照,眼前的山头就是813高地了,那里依然没有任何动静。

爬上去看看?林家保带头爬山,眼看接近山头,突然探照灯晃眼，机枪子弹风一般扫来！教导员林家保第一个倒下，副营长当即牺牲。

小分队被压制在敌人的火力之下，眼看就要全军覆灭。

两军相逢勇者胜！林家保顾不得伤情，抢过警卫员的卡宾枪："跟我冲！"

山头夺下来了，敌人跑了，小分队转危为安，可林家保身上挨了八颗子弹，没了生息。战友们不肯放弃，抬着林家保返回……

林家保分队的侦察表明，敌人到了水原城北的813高地。这个高地距离50军的防线只有十几公里，部队立即进入防御状态！

果然，25日清晨，敌军就发起了攻击。

敌驻我扰！25日夜，149师派遣侦察分队夜间出击，一是扰乱敌人的部署，二是抓个舌头了解敌情。

白天是你的，夜晚是我的。副营长戴汝吉带领侦察分队星夜出击，目标直指水原城。戴汝吉是云南纳西人，在60军就是少校副营长，起义后积极学习解放军作风，敢于夜袭。

路上打了个遭遇战，部队失散。水原城的灯光就在前方，这十八个人还敢不敢进城侦察？

戴汝吉决心不变，继续摸向水原城。刚到城门就打响，敌人用坦克当防御工事，火力凶猛，副连长和二排长当即牺牲！戴汝吉立即指挥打坦克，同时带队向城里硬闯。

冲到一栋楼房，一排长王洪信从吉普车里找到个俘虏，一问

## 第十一章 梁山部天下把名扬

是朝鲜人,还交代楼里驻扎美军一个宪兵排。

戴汝吉部署三挺机枪在楼房外围警戒,防止敌军增援,自己带队冲进楼内。

挨房间搜索,王洪信的手电照住桌子底下一个美国兵,上去缴了他的枪。

抓到俘虏任务就完成了,撤离。这时,戴汝吉和王洪信都负伤了,好在都是伤的胳膊,还能跑动。

回程避开来路的城门,翻城而出。回到驻地,18人只剩12个。不过还多了两个俘虏,一个韩国兵一个美国兵,都带回来了。

十八勇士夜袭水原城!这让人想起红军十八勇士强渡大渡河,《上海画报》很快将这段故事制成连环画。夜袭水原城的戴汝吉是纳西人的骄傲,美丽的云南丽江古城,至今有一座英雄戴汝吉的纪念馆。

大战降临,处于防守态势的部队,居然两次主动出击!

这表明,这支新军,已经学会了解放军老部队的传统战术——机动灵活。

### "白云山团"

汉江防御体系,149师447团的阵地正好卡住水原通向汉城的公路,这是敌军进攻的必经之地。

重要防御阵地采取三线配置：第一线兄弟峰，第二线光教山，第三线白云山。还要设立前出阵地，7连一排长韩家祯带领二班6个战士据守在东远里的114高地。

1月27日，美第25师开始进攻114高地。先是出动飞机狂轰滥炸，而后坦克掩护步兵发起冲击。二班用步枪和手榴弹把敌人打退，打下去又上来，敌人连续发起多次进攻。

第四次进攻最凶猛，B29重型轰炸机炸出的弹坑有五六米深，战士们只能伏在弹坑里减少伤亡。子弹不多了，一排长韩家祯提醒大家："抵近射击！抵近射击！"

子弹打不穿坦克，敌人的坦克冲上阵地，二班还是不退，坦克就在阵地上来回碾压。

人在阵地在！二班一共打退敌人五次进攻，全班战至最后一人。447团3营7连二班，获得"东源里战斗英雄班"的光荣称号。

美军又发起更大规模的进攻，全力攻打447团的一线阵地兄弟峰。

美3师出动坦克打先锋，一个营的兵力攻击这一个小山头。小山头上只有一个连，6连沉着应战，多次打退敌人的进攻。

敌疲我打！当晚，2营副营长李盖文带领3个排主动夜袭，打掉敌人一个营部。

第二天美军疯狂报复，往兄弟峰丢下一百多枚炸弹和燃烧弹，16辆坦克同时发起三路冲击。

你打来，我打去，连战五天五夜，6连打退敌人20多次进攻，毙伤敌军200多人。

阵地上，6连只剩指导员熊家兴等5个人了。熊家兴叫战士不要露头，就给自己装子弹，自己一个人开枪打！

立下战功的熊家兴作为50军3个代表之一，参加志愿军代表团回国，受到毛主席的接见。

这是50军起义官兵的骄傲！熊家兴1942年被国民党抓丁参军，长春起义后在九台整训期间加入共产党。

世上没有攻不破的防线，兄弟峰顶了5天之后，447团把阵地撤到二线，防守光教山。

对手这样记载光教山争夺战，《韩国战争史》写道："2月1日，美第1军团继续发起进攻，由于敌军在光教山和修理山顽强抵抗，我军压迫该敌，反复展开激战……我军集中一切炮兵火力进行猛烈炮击，经过反复冲击，占领457高地。在其左侧，敌军坚守光教山，乱丢手榴弹，疯狂挣扎，战况异常激烈。""2月2日，敌军为占领并固守光教山，2时以一个连兵力向南发起攻击。我第65团在262高地、449高地阵前击退该敌，然后从黎明开始向光教山发起攻击，敌一个营为坚守山头血战到底。在我集中火力炮击和步步进逼的短兵冲击下，敌军不得不放弃阵地北逃。"

2月1日，敌军攻占光教山；当夜，连长穆家楣率领5连反击又夺回山头；2月2日，敌军再次攻占光教山。

447团退缩防守第三线阵地——白云山。

白云山南侧的白云寺由3营防守，8连伤亡殆尽，副营长戴汝吉带队增援，这个刚刚夜袭水原城的功臣，出发前只提出一项要求：牺牲后追认为共产党员。

戴汝吉上阵，身受重伤，白云寺失守了。

447团向师里报告，代师长金振中毫不犹豫："夺回来！夺回来！"

副教导员吴友先再上阵，率领7连翻越5个山头，胜利夺回阵地。

敌军继续猛攻，年仅21岁的7连指导员宋时运打完最后一颗子弹英勇牺牲。

白云山主阵地危急！东面的光教山和南面白云寺都被敌军占领，光教山与白云山在同一条山脊，敌军可以直接冲击白云山。

447团只能调用最后的预备队了。2连连长蒋开泰和指导员艾维仁到团部领受任务，团长张振山、政委卢昭、副政委吕品、参谋长杨树云一起交代反击任务。临走，卢昭又叫住艾维仁：2连能不能给团部留下一个班？

团首长向部下讨要兵员？为了补充2营兵员，团部身边连警

## 第十一章 梁山部天下把名扬

卫员都支援出去了!

2连毕竟是团部保留的生力军,夜袭白云寺,顺利打跑美军一个加强排,把阵地交还7连防守。

反击战术运用成功,2连奉命发起第二次反击,夺回光教山!

2连乘夜暗悄悄向光教山行进,突然遭遇拦阻炮击,连长一把推倒指导员——艾维仁安全了,蒋开泰的棉大衣被炮弹皮击穿。

艾维仁非常后怕,要是蒋连长死了,这场战斗自己可指挥不了,蒋连长是云南老兵,富于战斗经验。

尚未入党的连长,救了党支部书记一命。两人并肩突袭,从敌军手中夺回光教山。

2连很快又接到第三次反击任务。白云山主阵地左右两侧的小高地都失守了,主阵地岌岌可危。

副连长乔武奇带2排打阻击,连长蒋开泰带1排攻击左高地,指导员艾维仁带3排打右高地。

艾维仁带队行进,突然看到一个副班长往回跑,还钻进一个防空洞。临阵脱逃?艾维仁拔出驳壳枪准备执行战场纪律!

钻出防空洞的副班长赵品衣手里拿着几个饭团,原来人家是为战友找点吃的。

反击白云山比前两次任务更艰巨,守敌召唤飞机和炮火,压制进攻的2连。

2连尽量贴近敌人,使敌人的火力支援无法发挥。六〇炮、机关枪,这些近战火力比飞机大炮还管用,2连又夺回了白云山的两个高地,还给2营。

三次反击,夺回4个阵地,2连这一个连的战斗,充分反映白云山争夺的激烈。

敌军的炮弹像下雨一样密集,一发炮弹正打到我们一门山炮的炮口爆炸!

敌军的飞机持续轰炸,整个山头被犁翻一遍又一遍。

一架轰炸机赫然而来,掠过山脊,没有丢下炸弹,反而送来柔美的女声:"50军的官兵弟兄们,你们不要给共产党当炮灰了!你们赶快回到国军这里来吧!"

这口音中国人并不生疏,台湾中国广播公司的播音员"黎明小姐"。

"原国民党60军的弟兄们,我们现在马上又要进攻了,我们上面有飞机,下面有大炮,你们要想活命,就投降联合国军吧!"

"你混蛋!"一个起义军官跳出战壕,举起手枪向飞机射击!当然知道手枪打不着飞机,可气愤难忍,让我们当炮灰的就是你们!

50军的起义军官最恨敌人这招心理作战。旁边的38军阵地你不喊话,偏偏到我们50军来喊话,难道我们这些起义部队革

## 第十一章　梁山部天下把名扬

命不坚决？

战况激烈，战争残酷。在残酷的战争中，军人也有经不起考验的。447团1营有4个指导员，都是老部队调来的共产党员。一战下来，三连指导员牺牲，机枪连指导员重伤，一连指导员逃亡，只剩二连指导员艾维仁一个了。可是，惨烈的汉江防御战中，恰恰没有听说起义官兵逃亡。

越是出身不好，越要证明自己。

最危险的还是坚守白云山主阵地的2营。

营长孙德功是个狠角色，严厉督促全营死守："人在阵地在，誓与阵地共存亡！"

突然看到一个脑袋探进营部张望，原来是5连的副连长。你前沿阵地的指挥官回后方干什么？这个副连长支支吾吾，说是回来看看营部是否安全。

对临阵脱逃者必须执行战场纪律！孙德功掏枪就要打，教导员杨明赶紧拦住，营里无权枪毙干部，一个怕死的排长刚刚押送团部处理。

"送到团部就毙不成了！"孙德功大怒，"你们这些起义干部，带兵太软！"

这话不假，起义部队搞民主教育，干部生怕扣上欺压士兵的帽子，这教导员杨明也是起义干部。

孙德功才不顾虑这些，孙德功来自老部队，慈不掌兵！电话打到师部,孙德功还是坚持非要枪毙这个副连长。

孙德功回忆录写道:"在我东西不到八百米,南北不到五百米的阵地上,一天竟降下了炸弹一百多吨,炮弹九十多吨,平均每平方米落下弹片足有三公斤之多。岩石变成灰,树木变成粉末,可谓挖地数尺深……用此方法促使我指战员无藏身之地,尸骨无存。但是敌人的目的没有达到,我营指战员竟然在灰烬中不但还活着,而且依然保持着旺盛的战斗情绪,进攻的敌人还是望而却步。"

固守!坚守!死守!白云山主峰的5连,就是那个60军长春起义后唯一出现哗变的连队,现在也百炼成钢!

不缺勇气,不缺战术,缺的就是枪支弹药。反坦克手雷和爆破筒没有了,子弹手榴弹也快打光了,各级紧急上报,副军长蔡正国直报总部:弹药万分危急,请速赶送!

白云山,447团2营顽强坚守11昼夜。这个加强营6个连队480人,打到最后只剩88人。营长孙德功,刚刚走下阵地就一头栽倒,累昏了。

这个孙德功,从此成为50军的传奇人物。据说,孙德功有七大功八大过。一打仗就立功,一和平就犯错误。不仅有抗上的错误,还有难听的生活作风错误。据说,有个朝鲜姑娘看上这位英雄,趁志愿军回国时藏在汽油桶里,被边防检查发现……

白云山防御战,共击毙、击伤、俘虏敌军1400余人。守方也损失惨重，东远里7勇士只剩一人，兄弟峰3个排剩下5人，文衡山2连打光了换6连，两个连队只剩一人……

50军149师447团，被授予"白云山团"称号。这是中国人民志愿军中，唯一授予称号的团级单位。

一首《白云山战歌》诞生了：

> 高高的白云山啊，
> 耸立在朝鲜汉江南。
> 麦克阿瑟要从这里进犯，
> 我们的英雄让他停止在山前！

这首战歌的词作者是著名作家刘白羽，作曲郑律成是中国朝鲜族，为两国军歌作曲，中国人民解放军军歌和朝鲜人民军军歌。

血战白云山，50军光荣！

## "修理山连"

148师在149师的右邻，两师的接合部是帽落山。接合部常是防御弱点，美军第25师向帽落山发动猛攻。

防御的优势是地堡，有掩护的火力点；进攻的优势在坦克，运动的堡垒。美军坦克开到帽落山对面的山上，在等高位置直瞄射击，打得防御火力点很难生存。可美军也有弱点，士兵不会爬山，笨拙的身影又成为机枪的活靶子。

面对强大的进攻火力，443团打得十分坚决，团长朱光云正是当年60军主力团545团团长，现在还带主力团。朱光云把团部所有的勤杂人员都组织起来编进连队，自己成了光杆司令。上级担忧443团顶不住，朱光云总是说："请师长放心！请军长放心！人在阵地在！"

在帽落山守卫战中，50军打出了一个著名的孤胆英雄：机枪射手田文富。

几十年后，田文富还清楚地记得战斗情景："敌人发起冲锋，一共分三路，大约有一个营的兵力。连长夏居云向我发出命令：机枪射击！我先打了三梭子子弹，然后对准蜂拥而上的敌人猛射了起来。此时，敌人的手榴弹、迫击炮向着我们疯狂轰击，身边的战友一个接一个地倒下。7连3排最后只剩我一人。"

"只有一个兵，也一定要坚守阵地！"田文富腰上始终别着一枚揭开盖子的手榴弹，随时准备与冲上来的敌人同归于尽。

一个人也不惊慌，田文富把自己的帽子和大衣分别挂在树杈上，造成多人防守的假象。敌人的子弹打向大衣，田文富隐身在另一处射击。从一个弹坑跳到另一个弹坑。敌人无法分辨山上有多少守军，田文富一人打退4次进攻，单枪歼敌50多名。值得注

抗美援朝故事连环画——《血战白云山》

## 第十一章 梁山部天下把名扬

意的是，这田文富是在四川起义的前国民党部队士兵。

1951年10月25日，新华社报道了田文富被评为战斗英雄的事迹，田文富上了家乡报纸，成了雅安县多营乡人民的骄傲。西康省政府给他家送了一个大大的匾额。这匾额，至今依然挂在他家的大门之上，向后人们展示英雄当年的光荣。

在中国人民革命军事博物馆里，陈列着田文富的大衣和棉帽。大衣烟熏火燎，上面布满53个弹孔，棉帽上也有3个弹孔。

帽落山7连打光了，再上去的6连又打光了，8连只剩一半人。

浦绍林带4连反击。出击前，二排长向指导员提出三条要求：要两箱子弹、两挺机枪，还有，牺牲后介绍我入党。

指导员痛快地答应了三条要求，二排长奋勇反击牺牲了，浦绍林又带队攻上山头。

山头防御，连长中弹负伤，浦绍林当即指定副连长接替，刚下完命令就打来一阵枪，副连长又受伤了。部队作战预先指定接替干部，第一连长第二连长早有准备。可没想到这帽落山打得太惨，替补干部都打光了。三个排长三个副排长相继伤亡，阵地上只剩下浦绍林一个干部，浦绍林就组织班长们抵抗。

这个年轻的浦绍林，也是184师海城起义的士兵，经过培训后调到50军任连队指导员。

帽落山攻防战的经验和战斗精神，受到志愿军总部的通报表扬。

帽落山的旁边是修理山，444团防守的修理山同样是美军重点进攻的目标。

修理山阵地由444团4连防守，这个连的副连长就是长春起义那个发牢骚的老兵油子邓慧生。敌人进攻总是先搞炮火准备，4连就只放3个人在山头前面，另外几个班在后边隐蔽。待到敌人离工事50多米，炮火就必须延伸了，这时，隐蔽的战士就突然出来用手榴弹狠打。这种巧妙的打法，可以减少炮火牺牲，效果很好。

打到第三天，阵地被敌人占领了一个。当天晚上，邓慧生带一个班摸上敌人的山头，一直摸到离敌人只有20多米，就拿手榴弹扔了上去。敌人爬起来就跑，人跑了，还剩下几包烟让邓慧生抽。

第五天敌人进攻三次，炮火又增多了，4连那一天也牺牲了20多个人。

战斗激烈，后勤物资无法保障，7天7夜没水喝，只能吃阵地上积存的白雪。正值1951年春节，阵地的除夕晚餐就是压缩饼干拌白雪。

没吃没喝还能忍受，没有武器弹药才是最大的问题。打到后面手榴弹也没得了，敌人的炮火一停，就赶紧去死尸身上搜手榴弹。

## 第十一章 梁山部天下把名扬

战争是个绞肉机，足以绞杀无尽的生命。面对世界上最强大的战争机器，50军的装备实在是太差了。冒着敌机的轰炸，后勤千难万险把弹药送到阵地下面，这时就呼喊："七九式的到这里领子弹！""三八式的到这里领子弹！"

同一支部队，连步枪都不能统一，这仗还要打赢！

修理山的战斗打到第七天，对面的美军像疯了一样整连整连地连续进攻。4连防守到午夜，奉命移交阵地。接替4连的是朝鲜人民军部队。当晚换防，第二天敌人就攻上来，4连只得继续上山防守。

再下山时，三个排长只剩一个，200多人打得只剩50多个。指导员说了一句伤心话：我们连就只剩这么点儿人了……

444团4连，连串4个"死"！这个四死之连战胜了死亡，被授予"修理山连"。

对手也留下深刻的记忆，《韩国战争史》大篇幅记载修理山争夺战："美第25师投入第35团和土耳其旅实施联合作战，在该山，有敌一个加强团进行顽强抵抗，我经反复血战，只攻占山腰部。第35团为主攻部队，从山城无名高地和227高地发起攻击，占领258高地。敌军占领4公里长横向屏障修理山，钻进深壕，居高临下，以各种火力集中压制我攻击部队，双方甚至展开白刃格斗。土耳其旅在205高地和75高地展开，向修理山左侧发起攻击，攻占修理山南端无名高地。敌军占领该山（431高地）南斜面顽强抵抗，双方继续激战。"

从对手的描述中，可以看出守方有些巧妙打法，"占领南斜面"，"钻进深壕，居高临下，以各种火力集中压制"……

打仗，不只要狠，还要巧。山地防御战，曾泽生还是颇有经验，抗日战争在台儿庄禹王山就打得不错。1月29日，开战仅仅4天，曾泽生和徐文烈向部队发出战术指示："阵地工事必须切实检查并加强，山顶阵地火力配备应加强，但兵力要少，主要力量配置在山顶两侧，以避免大的伤亡，亦便于组织反击，夺回阵地。"

这些打法颇有效果。在敌人火力准备时，守军只留少量兵力在阵地观察，主力掩蔽在反斜面，免受打击。待敌步兵冲击接近时，敌人的炮火必然延伸，防御主力突然登顶反击，打得进攻敌军措手不及。

加强工事，不仅要深挖战壕，还要在战壕侧面挖猫耳洞，这样可以避免弹片贯通战壕的杀伤。更牢固的是坑道，连巨型炸弹都无法击穿。强大的火力一遍遍轰击山头，战士们躲在坑道里笑谈："美军在和我们的工事作战呢！"

敌人攻上山头也不怕，美军最怕夜战，到了晚上，我从坑道钻出来反攻山头！

敌人炮火很强，可我们的炮兵也不是吃素的。

杨协中带领148师炮兵营，配属步兵作战。前进观察所设在修理山，炮位隐蔽在反斜面，预先测绘确定诸元，由前线观察所引导炮兵准确射击。这种战法，配置分散利于安全，火力集中适宜覆盖。

杨协中高喊："向老师开炮！"

青出于蓝而胜于蓝，学生也能打败老师。

只留少量兵力把守山头的做法，减少了大量牺牲，也给山头上的少量兵力带来更大的危险。

誓与阵地共存亡，当阵地被炸成焦土的时候，守卫阵地的勇士也就面临必死的命运！444团2连战士王英在子弹打完后，抱着炸药包冲向敌群！

电影《英雄儿女》中英雄王成的原型不止一个，王英就是其中之一。作者巴金曾到50军深入生活，女演员刘尚娴也曾到444团体验生活。148师政治部组织科科长胡俊人，在战场上写了一首歌颂王英的诗："一声巨响 山地震荡！一群敌人的尸体，血肉满天飞。王英，伟大的中国人民的好儿子，修理山上的英雄，用自己的青春，建立了永垂不朽的功勋。"

444团的修理山阵地多次被突破，是否撤退？团首长分歧很大。

滇军的传统是死战不退，出身滇军的团长主张坚守。老部队来的政委习惯运动战，打得赢就打，打不赢就走嘛。党委会集体讨论，决定撤退，团长赵国璋只得服从。

撤下来就受到上级批评，作战原则随任务转换，现在打正规化阵地防御战，就是要死守不退！

赵国璋再组织反击把阵地夺回来。副军长蔡振国欣赏这个团长，把赵国璋调到军司令部任作战处长。

牺牲小，战果大，148师创造了山地防御的战术经验。彭德怀非常满意，2月11日致电50军通令嘉奖，还特别表扬了148师。志愿军总部又把148师的防御经验通报整个志愿军并上报中央军委。这个防御战法，后来在上甘岭防御战中更是发挥得淋漓尽致。

一场恶战锻炼着部队，无论是滇军的经验还是解放军的经验，都是鲜血换来的珍宝。近战夜战是共军优势，山地攻防是滇军优势，50军继承发扬两种军队的战术优点，出身不好变成得天独厚。

50军汉江防御打得好，又一首战地歌曲诞生了——《汉江小唱》。这首歌的作曲还是著名的郑律成，作词是著名导演凌子风。

50军士兵特别喜欢哼唱这个小唱："一唱汉江江水长，梁山部天下把名扬！汉江50天防御打得响，国内国外都夸奖！"

梁山部？中国人民志愿军第50军，代号"梁山部"。

这代号贴切啊，50军正是战场起义的梁山好汉啊！

## 吹响集结号

汉江南岸的山头虽然守住了，但此地不可久留。背水之战，兵家大忌。

随着天气转暖，汉江开始化冻。而此刻，敌军正向50军发动十路围攻！

一旦冰面开裂，后勤供应无法过江，守山的部队将弹尽粮绝。到那个时候，你连撤退都来不及了……

彭德怀司令员看到了这个危险的局面。《彭德怀自述》写道："1951年二三月份间利用短暂的几天时间（来回7天）回到北京，向主席报告了朝鲜战况和请示战略方针，说明朝鲜战争不能速胜，须在2月15号以前将汉江南岸背水之50军，撤回北岸。这次主席给了抗美援朝战争一个明确的指示，即'能速胜则速胜，不能速胜则缓胜'。这就有了一个机动而又明确的方针。"

在彭德怀的回忆录中，很少提到具体的一个军，可是，彭德怀却把50军的撤退看得极重，要向最高统帅请示。

撤退，在作战中甚至比进攻和防守更难，撤不好就乱了阵脚，被敌军切断尾巴打折腰。电影《集结号》，就写了撤退时殿后部队的纠结。

447团撤退时，副政委吕品采用电话和送信两种方式通知，而且要求送信的通信员必须爬上白云山主阵地！

撤退不能一下都走，还要留有后卫，互相掩护。

148师负责掩护撤退的是442团，连长刘水清带队守卫88.3高地，上面交付的任务是坚守24个小时。师部作战参谋郑竹书觉得这个连回来的希望很小，但是他们顶了24小时还没退下来。又过了10小时，军长问还有没有人在上面，说还有枪声。原来这个连多守了24小时，超额完成88.3高地的掩护任务。

部队撤回来后，郑竹书见到满身烟尘的刘水清连长，兴奋地说：打得好啊，你是怎么指挥的？

刘水清说我指挥什么？人自为战！有些战士一听炮声就在阵地上乱跑，我批评他们，人家其实不是乱跑，而是寻找第二个隐蔽位置，寻找武器，武器打烂了要找好武器，各找阵地保护自己呗。

有这些老兵，我这个连长省事，他一上来我就干，打退他我就整理队伍。

郑竹书深深感动，自己也是起义的云南人，最了解这些憨厚的云南老兵。一个连守了两天，打到最后剩了12个人。只有这点武器装备，能打到这个程度，这种精神世界上少有！

还有更大范围的互相掩护。彭德怀决定50军撤到汉江北岸，又要求38军112师继续在南岸坚守一段时间。

50军150师放弃二圣山撤到北岸，美军一个营立即进占二圣山，架设浮桥准备渡江。不能让敌人这么便宜地渡江！150师首长决定过江反击二圣山。2月15日夜间，448团2营悄悄涉水渡江，一举夺回二圣山。1营接防，又在二圣山坚守10个昼夜。凌厉的反击吓阻了敌人，当面美军一时不敢轻易渡江。

汉江的江心有个沙洲，这浮里岛正是徒涉汉江的支撑点。149师在这里安了个钉子，由447团3连据守。敌人的两栖坦克冲上浮里岛，3连顽强抵抗，把坦克击退。孤岛防御，物资供应不上。3连制作个木筏，两头用绳索牵拉，成功地跨越江水阻隔。浮里岛成了中流砥柱，持续坚守25昼夜！

撤过汉江的50军并未大踏步后退，又在江北就地组织梯次防御。这次的防御地形是背山面水，比过去的背水作战更有利。

礼峰山是50军和38军的防御接合部，主峰由38军一个连驻守。敌军在当面设立滩头阵地，从浮桥渡江，占领礼峰山西南侧一串小高地。

接合部出现漏洞，敌军准备从这里撕开口子，直趋汉城！

50军发现这个动向，军长曾泽生马上往各团挂电话：你们要注意接合部，抓自己的部队！

副军长蔡正国向150师师长王家善下了死命令：你必须把你机关人员组成一个部队，把它给我夺回来，你要夺不回来你就别见我！

堵缺口！王家善下令450团反击，山头上38军战友火力掩护,7连突击组组长李德贵连续攻克5个山头,及时堵住口子。

对面的韩国将军白善烨知道这个王家善,白善烨曾在奉天军校上学,当时王家善是教官呢。可是现在,起义的旧军官也变成能征善战的共军指挥官!

有趣的是,曾泽生军长在朝鲜作战也有熟人——朝鲜人民军的崔庸健和韩国总理李范奭,三个云南讲武堂的校友,如今战场见面!

50军同38军并肩作战,从此结下战斗友谊。112师的师长孙洪道,后来调到50军任副军长,又成为曾泽生之后的50军第二任军长。

50军这次全身而退,并不容易。

《彭德怀自述》写道:"有一个军进得过远(接近37线),接济不上,粮食异常困难,撤回时很疲劳;还有60军之一个师,在转移时,部署不周,遭敌机和机械化兵团包围袭击,损失三千人。这是第五次战役的第二阶段,所遭受的损失,也是全部抗美援朝战争中的第一次损失。"

从1951年1月25日到3月15日,50军在汉江两岸防御50昼夜,在激烈、残酷、紧张、持续的战争中表现得英勇顽强。先后大、小战斗95次,毙伤俘敌14356名,缴获各种枪1975支,各种炮34门,击毁敌机15架、坦克50辆、装甲车23辆、汽车38辆、牵引车10辆及其他军用物资甚多。50军减员6255人,7个

## 第十一章 梁山部天下把名扬

整连 37 个整排 138 个整班与阵地共存亡。全军打出了"白云山团""修理山连""英勇顽强连""战斗英雄连""东源里战斗英雄班"等一批英模单位，476 名大功以上的功臣。

经历恶战，曾泽生不无得意地说："我的部队还是能打的！"

彭德怀肯定地说："50 军保留编制，优先改装现代化武器！"

多年以后，曾泽生对 50 军第三任政委任荣感叹："一生中打了这样的大战恶仗，可以骄傲了。"

军人的骄傲不是军衔，而是战绩，战争就是对部队全部历史的最高鉴定！

志愿军总部的作战科科长杨迪感叹："原是国民党的第 60 军与人民解放军打仗净打败仗，曾泽生军长也是解放军的手下败将。可是 1948 年秋在长春起义后，改编成人民解放军的第 50 军，军长依然是原来的曾泽生军长，在抗美援朝战场上，面对世界第一流的美、英军队，毫无畏惧，打得非常英勇顽强，非常威风。曾泽生军长也成为打胜仗的将军。请读者朋友们想一想，这是为什么呢？"

当时志愿军部队中有个说法：50 军是共产党的脑袋，国民党的技术。共产党的脑袋就是讲革命意志坚定，不怕苦不怕死，顽强作战。技术就是在防御作战中擅长构筑工事，正确配置兵力火力。50 军正是继承和发扬中国军队的优秀文化基因，形成山地防御战和打坦克的特长。

从国民革命军60军到人民解放军50军,这支部队先后同日军、法军、英军、美军、土耳其军等多支外军交手,对外作战英勇顽强。

强军是打出来的。

# 第十二章 走向国防军

☆

这是1951年4月的一天,从朝鲜回到北京的50军曾泽生军长走进中南海。

毛泽东接见曾泽生,高兴地说:"你们50军在朝鲜战场打得还是蛮漂亮嘛!"

曾泽生感到荣耀,也感到惭愧,毛主席问到的作战细节,自己回答不全。

就在这个4月,美国总统杜鲁门把美军驻朝鲜军队的总司令撤了,二战英雄麦克阿瑟五星上将,铩羽而归。

## 一支重视文化的部队

光荣的凯旋之师!

50军奉命回国休整补充,驻扎安东,受到祖国人民的热情关怀。

补充兵员,一野支援一个志愿兵大队,高星耀带领三野一个整团来到,其中就有后来的张志礼军长。50军自己是四野,在四川接受过二野的学生大队,华北野战军的赵国泰也带队加入。这样,这个军的肌体内,就有了解放军五大野战军的血液。

全军官兵来自五湖四海,现在,这支部队早已不是滇军那种地方军了。50军是野战军,是中国人民的军队!

齐装满员!50军不仅兵员满额,装备也更新了,更换新型苏式火炮,全军火力是前所未有的强。

这让曾泽生想起60军在国民党军队的待遇,打仗当炮灰,整编先裁员。国民党造谣说共产党也拿50军当炮灰,可曾泽生却体会到军委的关心和重视,真是把50军当强军来建设啊。

抗美援朝,保家卫国,中国掀起全民捐献的高潮。曾泽生不仅捐出云南的家产,还要捐出北京的房产。组织上答复,北京的房子由公家维修,还是你自己居住。曾泽生又捐出自己珍藏的珍贵工艺品,宝石镶嵌的故宫建筑小样。

中国人民志愿军部队凯旋

## 第十二章 走向国防军

下面干部也来找军长。

林家保在813高地负伤，身上有8个弹孔，肺叶都挂在体外。治愈重伤之后，林家保被留在大连的军队医院当政委。按说，这也是林家保应得的和平日子。可是，林家保却思念着老部队，军人总是把自己战斗过的部队叫老部队。林家保在疗养院找到军长，曾泽生也认识这个云南老兵。曾泽生以为林家保想探家，自从1938年60军抗日出省，云南老兵十几年没回家了。

林家保却坚决要求重回50军，上前线没有路费，林家保还找老首长借钱。

曾泽生理解林家保的心情，曾泽生也离不开自己的部队。军长指派管理处长，借钱让他上前线。

林家保没有回家，并不等于不想家，

保家卫国，这口号50军十分熟悉，从护国起义，保家卫国；到抗美援朝，保家卫国；这保家卫国，正是中国军人最认可的口号。

国家国家，先有国后有家。已经撤回祖国的50军的军人们，没有复员回家。曾泽生和徐文烈代表50军指战员，坚决要求重上前线！

这样，50军就成为全军唯一的二次入朝的部队。

二次入朝，50军再次和38军并肩作战，负责朝鲜西海岸防御。

毛泽东判断，美军不会甘心被挡在三八线，可能要重演仁川登陆，可能会在朝鲜北方的西海岸登陆作战。

从鸭绿江口到清川江口，这100公里的海岸，由50军防御。汉江防御的重要经验是坑道，50军又在西海岸打坑道。白云山的防御功臣孙德功，又成了打坑道的专家。文化不高的孙德功，学会了测绘学会了拉计算尺。擅长坑道作战又擅长坑道构筑的50军，从此与坑道结缘，后来在内蒙古和四川进行过长期坑道作业。

修工事毕竟不是打仗，相对和平。

利用相对和平的条件，徐文烈又干了一件全军罕见的事情——照相。

军里拨出巨款，购置先进而昂贵的德国莱卡相机，派专人到各连队照相。徐文烈严格要求：必须给全军数万官兵每人至少照一张照片。

摄影干事下连队，免费为每个战士照张半身像。有的战士不满足，还要照全身的，照挎着冲锋枪的！尽管胶卷紧张，摄影师还是尽量满足战士的要求。

这50年代的照相，其珍稀程度不亚于现在的录像。战士出国打仗，家人无比挂念，寄回一张照片就是最大的安慰。

重视思想政治工作是共产党领导的人民军队的特长，照相这种思想政治工作，充满人情味。

## 第十二章 走向国防军

50军是个重视文化的部队。

抗日战争期间60军就有战地服务团,服务团都是知识青年,有记者有作家有画家有摄影师。50军的军长政委都是全军少有的大学程度,而且向来重视吸收知识青年参军。从东北到湖北到四川,大量招收知识青年参军,而且参军就是干部待遇,没有那么多编制就当文化教员,50军的文化教员总是超编,一个连队能有五六个!志愿军政治部总是说:50军是个有文化的部队。

战斗中,50军的营级单位就能发行"战地小报",战士们刚刚打退敌人进攻,就看到自己的事迹上了报纸,那手工刻印小报还散发着油墨的香气。

文化教员通过战地宣传鼓舞士气,组织战士学文化,为战士代写家信,还是群众工作的骨干。战地粮食供应不上,文化教员到朝鲜老乡家里筹粮,许多文化教员还学会了朝鲜话。

50军的军师两级都有文工团,宣传鼓动慰问演出十分活跃。1952年冬的这天,16岁的女兵贾梅在朝鲜人家排练,朝鲜老大娘金玉给志愿军缝补衣裳,穿针穿不上,贾梅就上前去帮着穿针。正好军部摄影记者姜峰在场,拍下了一张照片。

朝鲜阿妈妮和志愿军女兵,一老一少心心相印,揭示了中朝两国的友情。这张照片和这个故事,现在陈列在丹东抗美援朝纪念馆里。

这个纪念馆里还有一个罗盛教式的英雄王永维。

1952年的11月20号，美国飞机轰炸148师的野战卫生所。卫生员王永维抢救伤员时发现了一个朝鲜老大娘，就背起老大娘往外跑，这时候敌机又轰炸过来，王永维和老大娘同时牺牲。王永维被志愿军总部授予二级模范、国际主义战士。朝鲜老乡在他牺牲的地方，修建了一个纪念堂。

文化工作也是战斗！部队报来紧急情况，军部的摄影干事姜峰和胡宝玉立即赶往铁山半岛。

在149师山炮营的驻地，两人看到一种奇异的炸弹。这两枚炸弹有一人高，没有爆炸，而是裂为两块，每一块里面像书架一样有很多格子，每个格子里都是很薄的小纸袋，一动就破，一破里面的小昆虫就出来了！

姜峰和胡宝玉拍下这奇异的炸弹和昆虫，149师敌工组的英语翻译莫若健仔细记录弹壳和纸袋上的英文标记。防止细菌传染！卫生部门发下牛皮纸袋，部队把昆虫抓起来，用汽油烧掉。

这是敌人投掷细菌弹的有效证据，50军摄影组向8家报纸投稿。新华社编发了一组美军侵略者进行细菌战的铁证，其中有姜峰和胡宝玉拍摄的5幅照片。

反人类的细菌战，激起中国军民的警惕，全国开展了轰轰烈烈的爱国卫生运动。卫生运动为何冠名"爱国"，就是这么来的。

最先发现细菌弹的50军149师山炮营一连，荣获全军卫生单位奖第一名，得到锦旗一面，奖金一千元。

## "陆军海战队"

朝鲜战争让中国军队经历了真正的现代化战争，什么细菌战，什么绞杀战，以前闻所未闻。对比世界强军，中国军队的最大劣势还是空战，美军飞机飞得比树梢还低，飞机的机枪追着步兵打！

中国军队怎么抵抗飞机呢？起初是毫无办法，只能隐蔽，实在忍不住就开枪，步枪偶尔也能打中飞机。

第二次入朝，上级给50军配备了高射机枪，炮兵专家杨协中又来指挥高射机枪。

杨协中又向老师开火了。美军飞机临空，50军6挺高机一起射击，当场击落一架F84！

50军官兵最高兴的还是观看空战——我们也有飞机了。

"咱们飞机也出来了！" 身经恶战的步兵，现在成了空战的观众，眼看着自己的飞机一下子把B-29打掉四架，450团赶紧去抓跳伞的美军飞行员："一定要抓活的！"

这是1952年2月10日，刚刚上午9点，空中大戏又开演了。

一架中国米格机面对四架美国飞机，一点不怵直冲过去，两军对头穿过去,只见中国飞机一转弯就把一架美国飞机咬住,开炮!击落!

打得好!地面观战的步兵无比钦佩,又看到自己这架飞机也被击中,跳伞的飞行员在空中晃晃悠悠。

赶紧营救!降落伞刚刚落地,步兵就赶到了,只见这飞行员壮壮实实,没有受伤。

跑过去迎接,把这位天神恭恭敬敬送到师部,师首长赶紧用吉普车把他送到军部,大家这才知道他叫张积慧。

空军英雄来了!50军的军部忙作一团,烧洗澡水的烧水,包饺子的多包肉。

军部还指示部队,派人去搜索美军的飞行员。当天只找到飞机残骸,没有找到飞行员尸体。第二天再去找,终于找到飞行员的尸体和手枪,飞行帽里面还有戴维斯的签名。这下子才确定:张积慧击落的是美军王牌飞行员戴维斯!

如今,戴维斯的飞行帽等遗物,还陈列在中国人民革命军事博物馆里。

空军英雄张积慧的事迹启发了陆军战友,我们革命化的中国军队,掌握现代化兵器也不在话下!

年轻的志愿军空军投入战争,作战空域在朝鲜,起降机场在国内。待到争到制空权,机场也可以走出国境了。50军奉命修筑机场,这样,从朝鲜北方起飞的我军飞机,就可以飞抵

## 第十二章 走向国防军

38度线!

这修筑机场的任务也许是个照顾,绥远起义改编的20兵团,到朝鲜也在施工,没有上前线。蒋介石总让杂牌当炮灰,毛泽东却要照顾新部队。

老部队为什么不要照顾?越是能打的部队越是要冲锋在前。施工的事情工兵可以干,民兵可以干,我野战军应该打仗!50军曾泽生军长、徐文烈政委、蔡正国副军长联名给彭总发电报,要求参加战斗提高50军的战斗力。

彭德怀回电:

曾、徐、蔡同志:

　　前电要求继续在战斗中提高五十军的战斗力是很好的。从一、二、三、四次战役来看,五十军的进步是很快的,特别是四次战役在汉江南岸防御战中表现了英勇顽强。

　　你们目前担负修机场、海防和后方交通警戒也是异常重要的任务,如能很快将机场修好,这对志愿军在朝鲜作战意义重大。能在八月中旬完成修机场的任务,九月前利用空闲争取整训,准备十月参加作战,满足你军全体指战员的要求。

　　来电因种种原因久未答复甚歉!

彭德怀
八月三日

彭德怀这封亲笔书信笔走龙蛇，这封密藏在档案深处的电报特别注明："彭总拟稿"。

38军因彭德怀一句"38军万岁"而骄傲，50军也可以因彭德怀一封信而自豪。以英勇顽强著称的彭大将军，称赞50军"英勇顽强"，这当然是力度足够的肯定。

果然，到了10月，50军又承担了全新的作战任务——渡海攻岛。

鸭绿江口有几个小岛，盘踞着美军和韩军的情报站，从这里可以直接监控中国边境的战机起飞。中央军委总情报部部长李克农提出，要夺取这几个小岛。

渡海攻岛，解放军打得并不多，攻击金门岛失利，攻击海南岛成功，成功和失败的经验都不多，都是步兵乘坐渔船上陆而已，谈不上陆海空协同作战。这次渡海攻岛的作战对象，海空力量非常强大，不能仅靠步兵对付。

试探攻击！总部炮兵和50军炮兵集中火力，大量炮弹覆盖面积不大的小岛。在炮兵的掩护下，步兵乘船登岛：148师443团攻占椴岛和灰岛，歼灭韩军白马联队；150师448团和450团攻占艾岛，歼灭美军情报分队……

下面还有更难打的岛屿，距离陆地最远的大小和岛，有大股敌军防守。

## 第十二章 走向国防军

  志愿军总部精心筹划，50军的军长政委赶到铁山半岛前线148师指挥部，一场中国军队前所未有的作战开打了。

  1951年11月30日夜晚，442团乘坐数十条机帆船起航，悄悄驶向目标岛屿……

  轰炸机编队在步兵船只距离岛屿1500米时，突然轰炸守岛的敌舰……

  海上也有兵力，虽然海军很弱小，但已有炮艇护航……

  这可以算是中国军队的首次陆海空联合作战了！

  铁山半岛的50军官兵，望着空中的轰炸机出动，一片欢呼，我们也能轰炸敌人了！

  没想到，轰炸机没和歼击机配合好，美军飞机却及时出现！

  眼看自己的轰炸机被一架架打中，步兵急得要命，急得跳脚也没用，你步兵上不了天。

  幸亏我们的歼击机赶来了，猛冲猛打，当即打掉四架敌机，美国飞机再也不敢来了。

  这时敌人的炮艇也来拦截，被我方的炮艇一顿狠揍，沉没了。

  进攻的船只快要接近大和岛了，岛上轻重武器纷纷开火！

  海上的船只无法隐蔽，只能硬冲！

  442团7连这条船迎着火力冲，船上的战士冒着死伤向岛上还击，边打边登岸。

"冲上去就是胜利!"船被打坏了,大家纷纷跳进海里,拼命向岸边游。海水又深又冷,一个姓李的战士背着三个爆破筒准备炸碉堡,游着游着沉了下去。

杨守权会游泳,很快游到岸边,风大浪急,岸边的岩石又高又滑,爬了几次都被浪卷到海里,就在这生死关头,岸上伸下来一根竹竿。

这是班长!班长先上去,又把竹竿伸给战友,就这样互相帮助往上爬。登岸中这条船又牺牲了好几个,副排长和联络员也被打死了。

一上岛,步兵就是疾风烈火!部队追着敌人打,美国的军舰在海上放照明弹也不敢打炮,双方步兵搅在一起分不开。

第二天天亮,部队排除了周边的地雷,开始在岛上搜索残敌。走到一个山沟,一下遭遇敌军白马队,对方一二十人,7连也就七八个人,人对人,枪对枪!

7连副连长高喊:"你们被包围了!你们跑不掉!快投降!我们优待俘虏!"对方小队长把枪扔到地下,杨守权上去收枪,这股特务武装就解决了。

攻占大和岛这一仗442团打得漂亮,全歼了美军情报分队和韩军的白马联队,连随军的摄影干事都抓了三个俘虏。

50军政治部摄影干事胡宝玉,一直跟着作战部队冲锋,战士们在前面掩护,胡宝玉在后面拍摄。忽然感觉前面的树丛里有

## 第十二章 走向国防军

响声，胡宝玉放下相机掏手枪："缴枪不杀！"

敌人一个一个露头站起来，三个韩军举手投降。胡宝玉又放下手枪举相机，拍下这战地镜头。

50军重视文化，上前线的不光有摄影记者，还有美术家。美术组的柳青把这场战斗绘制成连环画，还画了一幅气势磅礴的油画《猛士跨海斩苍龙》，参加了第二届全国美术展览。柳青还有幅油画《三千里江山》，在第二届全军美术展览上获得好评。

1951年解放朝鲜西海岸诸岛作战，可以说是中国军队首次尝试陆海空联合作战。1955年解放一江山岛时，海军已经成军，那才是正规化的陆海空三军联合作战。

海军有个兵种叫海军陆战队，参加首次陆海空联合作战的148师，从此被戏称为陆军海战队。50军也有空军人才，军宣传队的辛殿枫当了飞行员，后任空军中将。

强军应该是全面的强，中国军队不能永远用小米步枪去抵抗飞机大炮，中国军队也要革命化加上现代化。

1953年，朝鲜战争的作战两方，边谈判边打仗。

对方企图用战场上的进展为和平谈判增添砝码，可是，倾泻了难以胜数的炸弹，依然不能突破上甘岭防线。在这种情况下，敌人很可能重新采用仁川登陆的作战方式。

毛泽东判断，敌人将在西海岸登陆。志愿军成立西海岸指挥部，指挥38军和50军防御。

50军打坑道，已经打了三期，现在又开始四期工程，在西海岸沿线构筑了一座地下长城。繁重的施工之余，部队举行全军运动会，振奋士气。敌机不时临空骚扰，50军一切照常，照常备战，照常生活。

1953年4月12日，50军在司令部所在的青龙里召开团以上干部会议，讨论西海岸防御作战计划。会场设在坑道口，便于防空。

就在与会干部刚刚落座之时，敌机突然凌空投弹，炸弹准确地击中会场！

蔡振国副军长当场牺牲，曾泽生军长面部轻伤，徐文烈政委耳朵震聋，团以上干部牺牲20多人，参谋、医生、警卫员也被炸死了。

两个月后，朝鲜谈判达成，双方休战。

中朝边境的丹东市，有座志愿军英雄群像。彭德怀司令员的身边，一边是战争开始时炸死的毛泽东的儿子毛岸英，一边是战争结束时炸死的50军的副军长蔡正国。蔡正国是朝鲜战争中方级别最高的烈士之一。

出兵朝鲜的五年间，50军全军涌现功臣17322名，占部队总人数的36.7%。在这些功臣中，出现李光禄、郑思喜、钱树俊、田文富、牛春山、顾洪臣、李德贵等突出人物。排以上干部中有7049名荣获朝鲜政府授予的勋章与奖章，还有朝鲜人民永念不忘的烈士王英、王永维、鲍清芳等。有1个团、6个连、11个班、7个组获得荣誉称号。

50军在三年入朝作战中，共减员共产党员2448名，发展党员6736名。1948年授名成军时仅有651个党员，到1954年壮大为14782名党员，保证了共产党对军队的绝对领导。

## 长长的军史

朝鲜战争结束后，志愿军撤军回国。

回国的路，50军走得最近，50军留在中朝边境的最大口岸安东驻防，38军在通化，两个军又是并肩防御，还是国防第一线！

中国人民解放军开始正规化建设，统一编制、统一装备、统一训练，建设国防军。50军也加入这个宏大的工程，部队进行大规模整训。

台湾来的美蒋飞机骚扰大陆，50军高炮分队参加辽东半岛对空防御，击落P2V侦察机。全军大比武，148师侦察连创造攀登科目，荣获"红心虎胆侦察连"称号。防备苏联军队入侵，50军参加坑道作业，在辽东半岛、内蒙古阴山、四川三线，筑起一道道地下长城。

"文化大革命"开始，各地出现动乱，中央军委调动部队

"支左"。50军和38军再次并肩出动，38军驻防保定，50军远赴四川。营口起义的150师留在辽宁改为守备师，由四川的地方部队合编为新的150师。1969年，驻防四川乐山的149师与驻防西藏林芝的52师对调，部队换防番号不动，西藏还叫52，四川还叫149。

当年远赴西藏的149师，现在是高原雪豹52旅，驰骋于世界屋脊。没有忘记自己部队铁血铸就的历史，这个旅在军史馆里展示50军的战斗历程！

四川这个新的149师，又为50军增添新的光荣。老52师是18军的老部队，在中印边境自卫还击战中战绩优秀。50军对外作战的对象，又增添一家印度军队。

1979年，50军各师分别参加对越南的自卫反击作战，149师到西线云南，148师和150师到东线广西，又打出一批英雄连队，同时，448团也遭受损失。

在中国人民解放军中，50军可以说是对外作战对手最多的部队之一。中国军队曾经交手的外军，除了苏军，50军都打过！

1985年，中国军队实施百万大裁军，50军并入13集团军。据说，当时有人建议留下50军这个起义部队的旗帜。可是有人说，四野的番号已经留下太多了……

13军是二野的老部队，历史上战功赫赫，长期驻守云南边境，此时移防重庆。13军的政委艾维仁来自50军，在两军合编

## 第十二章 走向国防军

后提出口号："爱我集团军，建设铁拳头！"

攥紧铁拳头！裁军不是断腿折臂，而是消减浮肿加强筋骨。通过持续的整编，中国陆军从单一兵种发展为合成兵种，"野战军"变成"集团军"了。

从这个意义上看，50军等一批番号的消失，其实是强军的步骤。

番号消失，军魂仍在。

无论继续在13军服役的军人，还是离开50军的老兵，大家都在怀念自己的老部队，关心老战友的下落。

朱德元帅始终说云南是自己的第二故乡，访问云南时，登门看望云南讲武堂的老师李根源。1964年，军委副主席叶剑英要去沈阳军区视察比武，临行朱德提醒：去看看50军，50军是起义部队的一面旗帜。

领导创建60军的龙云，起义后任中央人民政府委员、中央人民革命军事委员会委员。这位历史上同共产党关系很早的民主党派领袖出言坦率，由于公开批评苏联而被打成右派，不久就摘掉右派帽子。1962年去世，备极哀荣。

第60军的首任军长卢汉后半生一直平安，在"文化大革命"中也受到周恩来安排的保护，还撰写了60军参加抗日战争的事迹。

出生滇军的第58军，鲁道源军长去了台湾，改革开放后女儿回云南老家探望，还同原60军的后代有交往。

出生滇军第3军的军长李弥反对云南起义，率部撤到中缅老挝三国交界的金三角地区。那金三角的国民党残军中大多数是云南人，至今还有雷雨田、李文焕、陈茂修的坟墓留在缅甸，墓碑朝向北方，祖国家乡的方向。

曾泽生大概是中国军队中任军长时间最长的军人，1938年至1948年任60军的末任军长，1949年至1968年任50军的首任军长，在这支部队任军长达30年之久。抗美援朝回国后，曾泽生授衔中将，任中华人民共和国国防委员会委员、全国政协常委。曾军长一般在北京工作和学习，每年回部队视察个把月。在1949年后的历次政治运动中，曾泽生都没有受到冲击，始终得到50军的尊重和照顾。

曾泽生向50军政委邹衍提出入党申请，邹衍政委正式向军区党委报告。军委秘书长罗瑞卿答复：请示毛主席后，感到曾泽生要求入党是好事，但是相比较而言，他留在党外发挥的作用会更大些。当时，中央非常重视台湾工作，曾泽生留在党外对统战工作更为有利。自己没有入党的曾泽生，5个儿子都加入了共产党。一生从军的曾泽生，5个儿子都参军服役，而且个个表现优秀。

50军的首任政委徐文烈授衔少将，后任总政治部副秘书长。"文革"中因地下党时被捕经历被打成叛徒，遣送回乡，妻子王特和四个子女艰难度日。1980年徐文烈平反昭雪恢复名誉，子女制作了纪念册。

60军最早起义的184师，师长潘朔端于1946年加入共产党，解放云南时解甲从政，从1950年到1966年任昆明市市长16年，是中国任职时间最长的市长之一。潘朔端倾心昆明建设，提出建设"东方日内瓦"。"文革"中，周恩来亲自指示保护潘朔端。

长春起义后任149师师长的陇耀，回云南探亲后留在四川的军校任职。陇耀后来从军队转业，在四川乐山任职副专员，级别比正专员还高。陇副专员家里开饭经常是两桌，慷慨招待老部下。陇耀的运气极好，"文革"中刚刚受到冲击，50军入川了，驻防乐山的149师正是陇耀的老部队，立即采取措施保护老师长。有趣的是，陇耀家两代同云南地下党的后代联姻。陇耀女儿陇若兰的丈夫李长猛是云南地下党员，陇耀的孙女嫁给云南地下党领导人侯方岳的儿子侯明明。

长春起义后的148师师长白肇学转业云南地方，150师师长王家善后任辽宁政协副主席。

绰号范哈儿的范绍增，起义后任职148师副师长。镇反运动中，四川老家追索袍哥头子的罪行，一直追到50军。四野副政委邓子恢让范绍增改名换姓，放在河南体委工作，平安度过政治运动。

50军的地下党干部不少,第二任党支部书记薛子正,后任中央统战部副部长。第三任党支部书记杨重改名杨滨,后任福建军区副司令员。长春起义的地下支部书记孙公达,后任军事科学院研究员。

在海城起义中带队哗变的杨朝纶,1949年在云南被镇压。

起义时泄露机密的欧阳午,在镇反运动中被判刑,"文革"后得到平反,确认为起义军官。

从1948年到1985年,50军的军、师、团、营、连各级,始终有许多起义干部任职。长春起义的副师长李佐长期在50军任副军长,又到成都军区任后勤部副部长。"文革"后落实起义军人政策,李佐为许多前60军人员写出证明,功德无量。

50军有大批起义军官,有些入党早,有些入党比较晚。早在1946年就参加中共情报组织的刘凤卓,一直保密自己的情报员身份,到80年代才正式入党。曾在长春起义和云南起义中两次担当解放军密使的李峥先,80年代入党。

50军还有众多战斗功臣。帽落山的英雄机枪手田文富,转业回老家四川工作。坚守白云山的营长孙德功一直在50军,工作能干但官当得不大,离休前任148师后勤部副部长。坚守修理山的团长赵国璋出身滇军,又是地下党员,同50军各方面的干部关系都好。1973年在乐山干休所定居时突然发病,总政治部特地指示派直升机抢救。

## 第十二章 走向国防军

50军还出了一批将领，走出多方面人才……

虽然50军的番号消融了，但是，50军的战友们依然在寻找50军的历史。

148师改编成地炮旅了，新战友，你们还记得汉江南岸148师创造的防御战术经验吗？你们还记得442团是中国军队首次渡海攻岛的部队吗？那成都闹市站岗的武装警察部队，你们是创造两用人才经验的团队之一，你们还记得443团坚守帽落山吗？还记得444团修理山的战斗吗？

1989年3月5日西藏拉萨发生骚乱，驻扎四川乐山的149师奉命第二次入藏。这支部队1950年进军西藏，1959年参加西藏平叛，1962年参加中印边境自卫还击作战，1969年调出西藏。老52师重回西藏，与正在西藏的新52师并肩戒严，立即稳定了边境局势，藏族同胞喜欢这支部队。

人民的热爱就是军队的威信，军威的力量来自军队的文化建设。所以，50军要追寻自己的历史了……

## 后记　50军的人写50军的事

一切生命体都有个奇妙的特性：机体死亡，基因仍在。只要基因保留完整，仍然可以复制生命，重现生机。

一个人有生命，一个军也有。一个人有生命基因，一个军有文化基因。

老兵不死，军魂永驻。50军的老战士，那些起义和战争的亲历者，一直在书写历史。《长春起义纪事》《汉江血痕》《白云山战歌》《朝鲜战地实录》《战友情怀》《滇军起义与云南解放》……

岁月流逝，老兵逐渐逝去，可他们的后代还在。一些50军的第二代又在50军当兵，对50军的历史格外感兴趣。长篇纪实《心路沧桑》取得重要学术成果，《阅读父亲》写出烈士后代的情感和思考。

有了相当的文字积累，一位历史学家建议把这个军的历史拍成纪录片。于是，有钱的出钱，有力的出力，已经退伍的战友又共同奋战，5年间从东北到云南，遍访150多位50军的老前辈。

这就发现，这个军的历史太有故事！

从解放军50军，上溯国军60军，追溯滇军……

一个军的传奇，映射中国军人保家卫国的强军梦，映照中国军队走向现代化的强军路！